시계문학 여섯 번째 이야기

瞬間

시 계 문 학 회

초판 발행 2013년 11월 27일
지은이 시계문학회

펴낸이 안창현 **펴낸곳** 코드미디어
북 디자인 Micky Ahn **편집디자인** 정지현
교정 교열 장창조
등록 2001년 3월 7일
등록번호 제 25100-2001-5호
주소 서울시 은평구 갈현1동 419-19 1층
전화 02-6326-1402 **팩스** 02-388-1302
전자우편 codmedia@codmedia.com

ISBN 978-89-94178-82-0 03810

정가 10,000원

순간

시계문학 여섯 번째 이야기

시계문학회 여섯 번째 동인지를 내면서

瞬間

깊어가는 가을엔 쓸쓸함이 저며 오고
밤이 길어지는 가운데 우리 시계문학회 문인들의
감성의 시심은 더 깊어지고 우리의 연혁도 늘게 되었습니다.
추수의 계절에 시와 수필의 결실을 모아
한 권의 동인지를 만들었습니다.
한 해 한 해를 모아 벌써 여섯 권째를 출간하게 되었습니다.
시계 문인들의 노력과 열의로 많은 성장을 거듭하였고
그동안 수고하신 교수님과 동인들의 노고에 감사드립니다.

시계문학회 회장 이규선

Contents

작품은 시와 수필로 구성되어 있으며 수필 작품은 (수필) 아이콘을 표시해 두었습니다.

임정남

엄영란

김좌영

이규선

Contents

작품은 시와 수필로 구성되어 있으며 수필 작품은 (수필) 아이콘을 표시해 두었습니다.

Contents

작품은 시와 수필로 구성되어 있으며 수필 작품은 수필 아이콘을 표시해 두었습니다.

김용자

황혜숙

탁현미

변함없는 일상 속에서 바람에 실려 오는 이야기에
귀 기울이고 싶다

시

『문파문학』 시 부분 신인상 당선 등단, 문파문학인회 상임운영이사, 시계문학회 회장역임, 공저 : 「너의 모양 그대로 꽃 피워라」, 「문파대표시선52인」 외 다수

황야

그곳엔 언제나
거센 바람이 불었다
모래와 흙먼지가 날고
못보다도 더 뾰족한
칼보다도 더 날카로운
아우성들이 난무하는 곳
오늘도
넓은 TV화면에 바람이 분다

울음과 노래 사이

쓰르람 쓰르람 쓰르람
아직 어둑어둑한 이른 새벽
쓰르라미 두 마리 산길을 간다
혼줄 놓아버린 어미
자식 등에서 소풍 간다
쓰르람 쓰르람 쓰르람
노래인가 울음인가
빈 껍질만 남은 어미 등에 업고
고려장하러 산에 오르는 자식
쓰르람 쓰르람 쓰르람
울음인가 노래인가
힘겹게 산길을 오른다

발자국

비 내리는 고즈넉한 공원
나지막한 잡목 속
참새들의 다정한 속삭임
숨죽여 우는 귀뚜라미
홀로 외롭게 핀 붉은 장미
매미의 슬픈 세레나데
눈물 머금은 민들레꽃 옆
비에 젖은 낙엽 위에
고독하게 찍힌 발자국 하나
너의 발자국인가
나의 발자국인가

세상사 世上事

나지막한 야산 둘레길
군데군데 무리 지어 피어있는 들꽃들
한가한 바람 두 팔 흔들며
꽃들 사이를 거닌다
바람의 손길이 스칠 때마다
무리 지어 한들한들 손뼉 치고 노래하듯
즐겁고 다정해 보인다
가까이 다가가 들여다본 작은 얼굴들
아이같이 해맑게 웃고 있는 얼굴
뽐내듯 바짝 치켜든 얼굴
수줍어 고개 숙여 배시시 웃는 얼굴
슬픔에 젖은 얼굴
무표정한 얼굴 얼굴들
그들의 세계에도
우리와 똑같은 모습들이 숨어있다

하루, 바람에 스치듯 지나간

바람에 이끌려 들어간
작은 천막 성당
아들 가슴에 묻은 여인
폭넓은 목소리로 노래한다
사랑은 오래 참는 것이라고

길모퉁이 잡목 속
가녀린 고양이 울음소리
낚싯줄에 묶인 다리 핥고 있는 어미
까칠한 털로 떨고 있는 새끼 두 마리
젊은 아낙네 먹이를 주고 있다
악과 선이 공존하는 세상

노란 은행잎이 흩날리는 산책로
휠체어 위의 작은 백발의 할머니
어깨를 다독이며 밀고 가는 등굽은 할아버지
황혼 속으로 점점 멀어져 간다

전민숙

깊어가는 가을 단풍이 곱게 물들어 갑니다
내 마음도 곱게 물들어 가고 싶습니다

시

매 순간을 바치며
곱은 그 손
그녀는 겨울바람처럼
틈
하얀 풀밥

경기출생, 『문파문학』 시 부분 신인상 수상 등단, 한국문인협회, 시계문학회 회원, 문파문학회 운영이사, 저서 : 시집 「그래도 삶은 아름답다」, 공저 「너의 모양 그대로 꽃 피어라」, 「문파 대표시선52인」 외 다수

매 순간을 바치며

사랑한다는 것은
하루의 삶 중에서
만나는 모든 이들과
하나 되는 것이리

오로지 나를 넘어서
네 안에서
나를 온전히 잃어버리는 것이리

사랑한다는 것은
그저 그 안에 머물고
조용한 눈빛으로
그와 일치하는 것
그분의 뜻을 하는 것이리

곱은 그 손

입속으로 가만히
부르기만 하여도 목이 메인다

추운 겨울 하얀 눈발 내린
마당 한가운데
수정처럼 차가운 얼음 속에
헝겊으로 칭칭 싸매진
수도꼭지 밑으로 빠알간 고무다라이
차가운 물이 졸졸 흐르는 가운데
어머니는 항상 계셨다
꾸부정한 몸으로

하얀 이불 홑청이며 온갖 빨래들
꽁꽁 얼어 발갛게 물든 손
호호 불어 녹이시던 어머니의 곱은 손마디
소복이 부어 있었다
겨울철마다

뒷마당에

발갛게 익어가는 감이 연등처럼 붉다
면 하늘을 본다

그녀는 겨울바람처럼 – 흑석동 고모님 돌아가시다

수국 같은 그녀의 선한 웃음
낙엽이 떨어져 날리듯
그렇게
검버섯 고목처럼
푸석한 가슴으로
오래된 속울음 같은
눅눅한 습기
겨울 못처럼 번져 서럽더니
붉은 배반
가슴팍에 꼭 품어 안고
한쪽으로 기울어진
외로움 하나
그토록 아끼던
아픈 손가락들도
모두 그 곁에
조용히 내려놓고
점점 어두워지는
기억의 강물 저 건너편
참 평화의 나라로

한 생이 조용히

지워지고 있다

틈

터벅 터벅
거친 사막을 걷고 있는
등 굽은 낙타
완고하고 고집스럽다
뜨거운 사막에서 조차 열정은
피어오르지 않는
작은 불씨처럼 흐릿하다
낙타는 멈칫 거리며
태양의 빛줄기 따라
나침반 의 바늘을 고정 시키고
동방의 박사들처럼
별을 찾고 있다
바늘귀처럼 작은 틈
그 벽을 더듬거리며
희미한 불빛
가까이서 멀리서 비쳐오고
타는 갈망으로
낙타는 지금 떨고 있다

하얀 풀밥

단풍 붉게 물들었던 가을
초등학교 운동장 점심시간
와! 와! 말타기 놀이
운동장이 들썩인다
벌겋게 상기된 채 정신없이 신났다
"언니"
부르는 소리
단숨에 내달렸다
기다리던 어머니
내미는 작은 소반 위
하얀 풀밥 한 그릇
"어여 먹고 가거라"
이불 홑청 풀 먹일
하얀 풀밥
눈물 섞인 온기

이순애

푸르른 바다가 하늘이 되고
하늘이 바다인 계절
내 마음 하늘이고 싶다.

수필

한국이라는 뿌리
바닷가에서
기대고 산다

충남 논산 출생, 『문파문학』 신인상 시 · 수필 등단, 한국방송통신대학교 국어국문학과 졸업, 한국방송통신대학교 문화교양학과3학년 재학중, 한국문인협회, 문파문학회, 시계문학회, 방송대문학회, 한비문학회 회원

수필

한국이라는 뿌리

꽃은 모두 이름을 가지고 있다. 정원에 온갖 꽃이 피어 있어 벌들은 윙윙- 꽃의 이름을 불러주고 입 맞추며 나비는 깨알 같은 밀어를 속삭인다. 꽃은 웃음을 잃지 않는다. 그런 현상을 보며 우리는 행복해 한다. 식물의 성장 조건을 위한 한국의 흙과 물은 세계에서 제일 질이 좋다고 한다. 사계절과 푸른 하늘이 우리를 축복하는 땅 그곳에 뿌리를 박고 한국인으로 살아간다.

여름 가뭄이 있기는 하다. 아름다움의 절정을 이루던 꽃들은 고개를 숙이고 뿌리를 내려다본다. 뿌리가 걱정이 되지만 자신감을 잃지 않는다. 뿌리만 성하면 다시 싹을 틔우고 열매 맺어 온 땅에 번성할 수 있기 때문이다. 우리 조상들은 많은 수난을 겪었다. 오천년 역사 속에 수 없이 외침을 당하면서도 살아남았다. 한국인이라는 뿌리를 잃지 않기 위한 안간힘이었으리라. 뿌리가 튼실했기에 우리는 쓰러져도 결코 다시 일어서 건재할 수 있었던 것이다.

이십년 전에 한국을 떠난 조카딸 연이가 있다. 스웨덴으로 이민 간 사람과 결혼 해 남매를 낳고 살아간다. 비오는 날 꽃을 모종해도 몸살을 하듯 조카딸도 한 때 향수병에 시달렸다. 일 년 중 거의 절반은 한국에 와서 지냈다. 그녀의 열망은 한국에 뿌리를 박고 한국인으로 사는 것뿐이었다. 자식들을 위해 헤어져 사는 부부가 많은데 얼마나 감사한 일인지를 말해줬다. 똑똑하고 지혜로우니까 한국인의 긍지를 가지고 열심히 살 것을 믿는다면 희망의 눈빛을 반짝이며 고맙다고 했다.

향수라는 샘물 속에서 맑은 영혼을 발견한 것일까. 연이는 직장 생활을 시작했다. 한국인 특유의 기질로 아이들 교육을 열심히 시켰다. 초등학교 때부터 인기가 많아 주말이면 스웨덴 아이들과 부모들은 길게 순번을 짜놓고 이 아이들을 초대했다. 함께 숙식하면서 한국의 문화와 공부를 배웠다. 남매 중 딸아이는 고등학교 때 수십 년 동안 일등은 한 명뿐이었던 교칙을 깨고 공동 일등을 차지했다. 유럽에서 제일 가는 카롤리스카의대에 합격했다. 재수 삼수한 학생이 많지만 연소한 이 딸아이는 7년 내에 박사를 따겠다는 야무진 꿈을 가지고 도전한다. 카롤리스카 의과대학은 세계적인 연구기관이며 노벨의학상 심사기관을 가지고 있어 노벨의학상 수상자를 선발한다. 아들은 과학고에 입학시켰다.

두 자녀는 인물이 예사롭지 않다. 길거리를 다니면 카메라를 들이대고 캐스팅하려 했다. 공부를 열심히 하겠다며 단호히 거절했다. 딸은 유명잡지의 표지 모델로 실리기도 했는데 동양인으로서 오십 년 만의 일이었다. 조카딸 연이는 한류의 영향이 크다고 겸손해 했다. 물론 뿌리가 튼실해 꽃이 잘 피었으리라. 이국 타향에서 한국인으로 살면서 한국 토종의 꽃으로 피기 위한 고귀한 노력의 대가였다.

무엇보다 신앙생활을 열심히 했다. 온 가족의 생활 속에는 하느님이 우선이었다.

극도의 외로움 속에서 한국 신앙의 선조들처럼 순교의 정신으로 산 것이다. 다른 나라에 파견된 한국의 사제들이 스웨덴에 들리면 조카딸 집에 초대되는 것은 일상이 되었다. 그 분들에게도 얼마나 많은 축복을 받았을지 짐작이 간다. 연이는 신앙이 헛되지 않은 것임을 굳게 믿고 있었다. 스웨덴 사람들은 조카딸 연이를 사랑했다. 생활력 강하고 아이들 교육 잘 시키며 신앙까지 좋은 것을 보고 한국인을 중매해 달라고 부탁했다. 뿌리 깊은 한국인에게 믿음을 얻은 때문이었다.

지금 세계는 우리를 주시한다. 강렬한 눈빛을 쏘아 지구상의 곳곳에 정착시키고 뿌리 박아 튼실히 꽃피운다. 그 향기에 온갖 벌 나비가 취하고 있다. 여기까지 오기에 꿈같은 세월이 흘렀다. 거저된 것은 아무 것도 없다. 극심한 가뭄을 견디어낸 피와 눈물의 결실이다. 오늘날 뿌리를 내리기까지 역사에 감사하며 깊은 인식과 성찰을 한다. 한국이라는 소중한 뿌리 위에 영원히 아름답게 꽃피기를 기도한다.

수필

바닷가에서

이른 아침 고요한 바닷가를 거닌다. 심호흡을 하면서 향수鄕愁를 느끼는 것은 신비스러운 일이다. 바다 냄새는 양수羊水 내음이다. 열 달 동안 어머니의 뱃속에서 맡았던 양수 내음이 아닌가 싶다. 생명 창조의 공간이며 그 생명을 기르는 원천수. 그렇다면 나의 고향은 바다가 아니던가. 살갗을 스치고 지나가는 감미로운 안개가 가득한 바다였으리라.

물결 잔잔하고 먼동이 트는 바다. 햇살 가득 두 팔 벌리고 나를 안아줄 것만 같은 바다. 언제나 나를 감싸주던 어머니의 치맛자락처럼 부드럽고 넓은 바다는 변함없이 나를 기다리고 있다. 아침 안개는 머리를 쓰다듬으며 세파에 어린 상처투성이인 가슴을 어루만져 준다. 안개는 흔들리는 마음을 고요 속으로 이끌고 간다. 길 없는 바다 속의 길로 안내해준다.

갯벌에는 수많은 발자국이 있다. 고동이며 작은 게와 바지락 민챙이의 어지러운 발자국은 밀물이 지나가면 금방 하얀 도화지가 된다. 손가락으로 활짝 웃는 보고 싶은 이의 얼굴을 그릴 수 있다. 밀물이 지나간 자리는 해산한 어머니의 자궁처럼 새로워진다. 상처라는 이름은 어느새 흔적도 없다. 질곡의 생활 속에서 마음의 순화를 얻어 평온을 찾은 어머니 품 같은 바다. 바다는 얼룩진 마음과 영혼을 씻어 준다.

내가 누세 살 쯤 때였다고 했다. 눈을 삼고 울음을 그치지 않아 시원한데서나 울라고 그늘에 데려다 놓으면 눈감은 채 그 자리로 가서

울었다. 언니는 어쩔 수 없어 뒷밭에 올라가 밭을 매는 어머니께 가보라고 했다. 어머니만 보면 언제 울었느냐는 듯 울음을 뚝 그쳤다. 그때 어머니는 바닷가의 밀물이었다. 한가득 낙서한 도화지를 깨끗하게 만드는 요술의 바다였다. 모든 것을 다 받아주고 아낌없이 내어주는 바다. 나를 부르는 천상의 목소리에 눈을 뜨고 마주치는 눈빛에서 평화를 찾는다.

어머니의 품에서만 느낄 수 있는 정겨운 냄새가 있었다. 그것은 바다 냄새 같은 것이었다. 짭조름하고 달콤한 사랑을 느껴 한없이 그 속으로 빨려들던 향수香水 같은 것이었다. 어머니의 사랑이 아니면 태어날 수 있었을까. 바다가 아니면 이 세상에 살아 갈수 있을까. 소금이 없이는 살아갈 수 없다. 사랑에 간을 맞추어 기른 것이 오늘의 나이기 때문이다. 그것은 어머니만이 맞출 수 있는 특유의 간이다.

아침 바닷가에 서면 환희에 차오른다. 가난해도 풍요를 느끼던 고향의 품처럼 따뜻한 바다. 자식들 무탈하게 해달라고 조상님께 지극정성으로 빌던 어머니. 어떠한 어려움도 극복하리라고 용기를 주고 자신감을 심어주던 말씀처럼 바닷가의 먼동이 튼다. 오늘 하루 인생길을 열어준다. 안개를 헤치고 물결을 가르며 힘차게 출항하는 첫배의 기상처럼.

수필

기대고 산다

마당의 백일홍이 한창이다. 정원에는 목 백일홍이 흰색 분홍색 보라색으로 가득 피어 서로 어우러졌고 화단에는 꽃 백일홍이 빼곡히 피었다. 지난해는 꽃 백일홍을 드문드문 심었다. 바람이 불면 쓰러져 일일이 하나씩 묶어 주어야 했다. 금년에는 어느 정도 가깝게 심어 서로 기대고 어우러져 쓰러지지 않았다. 여러 형제들이 서로 사랑스러워 어린 동생을 잡고 얼굴에 뽀뽀하고 손등을 부비듯이 한다. 머리를 맞대어 보다 살짝 돌리며 장난끼가 발동한다.

시골 들길을 걷는다. 논에는 잘 자란 벼가 바람만 약간 통할 정도로 가깝게 심어졌다. 이삭이 나온 벼가 꽃처럼 예쁘다. 농부들의 피땀에 화답하며 사이좋게 살랑살랑 손잡고 걸어가는 듯하다. 재미있는 얘기를 하는지 하늘보고 웃기도 한다. 밭에는 어른 키 보다 더 큰 참깨가 벼를 내려다보고 있다. 서너 포기씩 붙어 의지하며 열매를 주렁주렁 맺었다. 웬만한 태풍이 심술을 부려도 옆에서 잡아주니 걱정 없다. 저녁노을을 머리에 이고 오늘하루 태양과 공기와 바람에게 감사하며 사이좋게 자자고 끌어안는다.

어둠이 내리는 마당에는 바쁘다. 지천으로 뛰어 다니던 메뚜기 방아개비가 제집을 찾아 기어들고 지름땅개는 새끼를 등에 업은 채 쉬고 있다. 뚱뚱한 땅강아지가 정처 없이 걸어가는 옆에서 섬은 귀뚜라미는 의지할 짝을 급하게 부른다. 어둠이 짙어지자 반디부리 한 쌍이 앞 다투어 하늘로 솟구쳤다가 빙글 빙글 돌며 내려왔다. 공중 쇼를 하는 황홀한 밤 풍경이 눈앞에 펼쳐진다. 삼복더위를 이길 수 있었던 것도 이러한 자연 환경이 우리에게 주는 조화와 위로의 기대가 아니었던가.

하늘에는 반쪽달이 구름을 가르며 서쪽으로 향한다. 달에게 의지하려 함인지 초롱한 별 하나가 잰걸음으로 뒤따라간다. 마당의 풀벌레는 서로에게 화음을 맞추고 있다. 별빛에 기대어 밤새 노래를 그칠 줄 모른다. 풀벌레 노래에 젖은 마음 마음을 꽃다발처럼 묶어 달기둥에 기대어 놓고 싶다. 꽃 한 송이, 풀벌레 소리, 달빛과 바람까지 기대고 싶지 않은 것이 무엇이랴. 인생은 잠시 흐르는 바람 같은 것. 어느 날 우리의 영혼은 바람에 기대어 안개처럼 훌쩍 떠나가리라.

사철 푸른 소나무처럼 청청하던 큰댁 형님 내외분이 떠났다. 많지 않은 나이에 떠나시고 기댈 곳이 없어진 형제들이 자손들과 각자 명절을 지냈다. 아무래도 허전해 둘째 형님 내외분과 명절 다음날이라도 만난다. 형제들이 기대고 부대끼며 살던 때의 이야기에 웃음꽃이 핀다. 가난해도 서로 아껴주고 격려 하던 시절. 물질의 풍요가 어찌 그런 행복을 줄 수 있을 가보냐고 얘기한다. 형만 한 아우 없다고 떠나신 분들의 자비와 사랑을 그리워한다. 무엇이나 아낌없이 주려는 형님인데 음식을 더 많이 하라고 채근 하던 시 아주버님과 다투시던 이야기를 한다. 한 치 건너 두 치라며 큰 형님과 웃곤 하던 때가 있었다. 기대는 동생들이 있는 것만으로 감사하던 형님이었다.

우리가 떠나는 그 날까지 서로 기대고 산다. 사람인人자는 서로 의지하는 법을 배우라고 만들어 놓은 것이겠지. 우주의 질서와 생명의 순리가 기대며 살아가도록 되어 있어 거부할 수 없는 것. 내가 기댈 자연과 인간, 미물까지 끌어안아야할 소중한 생명이다. 사방을 둘러보아도 어느 하나 없어야 될 것은 없다. 사랑하는 부모형제와 남편과 자식들과 친구들. 늘 가까이서 함께 웃어 주고 활력소가 되어주는 이웃사촌들. 보면 볼수록 정답고 사랑스러운 존재가 아니던가. 서로를 위해 꽃처럼 아름답게 가꾸어야 할 존재인 것을 끊임 없이 깨달으면서 살아간다.

임정남 우경당

딱히, 갈 곳을 정하지 않아도
그냥 그렇게 시원한 계절을
느끼며 걷는 것만도 즐겁지만
가을! 하지만 너무 짧은 계절인 것 같다.
추억을 남기며 떠나가고….

시

볼펜
계절마다 피는 꽃
마음 밖에 서서
그림자 뒤에 숨어서
봄은 떠나가고

경북 영주 출생, 안동교육대학 졸업, 교사, 『문파문학』 시 부문 등단(2009년), 한국문인협회, 용인문인협회, 문파문학회, 시계문학회 회원, 저서 : 시집 「낮달」, 공저 : 「너의 모양 그대로 꽃 피어라」, 「가을 햇살 폭포처럼 쏟아시는네」, 「바람이 창을 두드릴때」, 「그랬으면 좋겠다」, E-mail : qwernam@hanmail.net

볼펜

볼펜 한 자루 여기 있다
머리에서 발끝까지 잘 다듬어진
붉은 글 푸른 글 반짝이며
저마다의 숨어있는 마음을 담아
매일매일 오색 치마저고리를 짓는다
색동저고리에 묻은 실밥을 떼어 내며
옷감의 결에 따라 인두질하여
설날 아침 널을 힘껏 뛰어오르게도 한다
어떤 때는 서로 부딪쳐 소리 지르고
불려 나가 억울하다고 난동도 부리고
때로는 서로를 이해하고 손을 잡아 악수도 한다
무수한 문장들이 내 몸에 무늬를 만들고
꽃을 달아 눈부시게 해 준다

계절마다 피는 꽃

마지막 늦더위를 심술처럼 잠시 남기고
아침저녁 서늘한 바람에 마음이 건너가고
부드러운 가을 손짓에 돌아섰다

고개 들어 파란색 하늘에
뭉게구름 여기저기 눈 돌려보고
계절, 계절은 추억을 떠다 놓고
가버리는 무정한 사람아!

쓸어내리든 백사장 모래 같은 이야기로
뭉개진 글씨처럼 혼자 있는 추억만
저만치 뒤따라오고
시원하게 흐르던 시냇물은 소리 내어 울어대고
빨개진 단풍 마음 달아오를 수도 있다

신이 주신 달콤한 시어 감추고 사는 우리들
순간순간 가슴속 풍경이 거리로 사회로 그대로
절묘한 타이밍 가운데 피어나는 꽃송이
이유 있는 이유가 우리 모두의 詩이던가?

마음 밖에 서서

노을이 은은하게 無常을 노래하고 있습니다

흘러간 지난 세월 돌아보며 아쉬움을 얘기합니다

이루지 못한 꿈이 아직도 남아 있을거라 생각하며 무명번뇌로 먹먹거립니다

누군가를 기다리다 한없이 바라보던 황혼의 눈물이 구름처럼 흘러갑니다

쉼 없이 산길을 다투어 정상에 오르던 그리운 그때를 헤매어 봅니다

온갖 시름을 둘러싸고 있는 마음은 경계를 넘는 바람이었습니다

이제는 창밖의 새처럼 병들지 않는 몸으로 훨훨 날아 다녀야겠습니다

때마침! 소나무 끝에서 부르는 바람 노래 들으며

내 안에 자유를 얻어 바쁠 것 하나 없이 걸어가고 있습니다

그림자 뒤에 숨어서

한 번 만나지 못하고
그리워하다 시들어 버린 꽃
상사화

표현이 부족한
들뜬 마음 가다듬고
뭉개진 자리 거기 널려두고
겨우 잠은 들지만

마음 밑에서 울먹울먹 우울은 자라고
불꽃은 사라진 후 긴 터널을 만들고
상처의 싹은 부들처럼 커가고
세월을 견뎌낼 힘은 부처 되어
텅 빈 자리는 운명처럼 불두화 되었다

흔적 없이 사라지지 않는
그림자 뒤에서 흘러 보내지 못하고 있다

봄은 떠나가고

깊은 산골짝
흰 구름 둥 둥
계곡에 물 비친 산 청량하다

산 기운 따라
희로애락이 들락날락 한다던
터 잡아 살던 순이네도 떠나가고
밤늦도록 산 비둘기만 구구구구

산 안에 산 목련
넓은 잎사귀에 숨어서 한 송이
다가갈수록 봄밤 깊어져 희미하다

꽃잎 내려 적적하여
산자락을 보니 금방 불꽃같은 연산홍이
봄을 들이키며 떠나가고 있다

엄영란

오늘의 순간들이 내일의 한편의 글이 되어
예측하지 못하는 향을 피울 때
중독처럼 지친 몸을 일으켜 컴퓨터와 접속하지요.

수필

신라의 숨결 경주
정월 대보름
오월의 바람 – 감사함에 대하여

경북 예천 출생, 『문파문학』 신인상 당선 등단, 한국문인협회, 한국수필가협회 회원, 시계문학회, 한국음악저작권 협회 회원, 창시문학회 회장, 저서 : 「그리움, 이유」, 「무지개마을」, 「나뭇잎」 외 동요작사곡 다수, 공저 : 「문파대표시선」, 「바람의 붓끝은」 외 다수

수필

신라의 숨결 경주

1박2일의 수필의 날 핑계로 경주를 들러 통영으로 휴가를 잡았다. 지리한 장마가 한 달간 지속된 경기도 지역의 집을 떠나 남편과 함께 고속도로를 달렸다. 충주를 지나니 비가 그치고 날이 맑았다. 서울서 출발한 회원들과 교신을 나누며 스릴감 있게 경주 톨게이트에 도착했다. 경주의 관문 톨게이트는 전통가옥으로 지붕이 기와로 가지런했다. 천년도읍지 신라의 정신이 느껴졌다. '이제 여러분은 신라의 옛 궁터로 들어섰습니다' 라고 귀에 들리는 듯 했다. 처음 집결지는 불국사 입구였지만 도착시간이 여유롭지 않았다. 바로 행사장인 동국대 경주캠퍼스를 향해서 갔다. 도로 표지판에 오능이란 이정표가 있고 그 방향으로 눈을 돌리니 조그만 잔디동산 같은 능이 군데군데 솟아 있었다. 여기가 신라의 숨결이 묻어나는 경주임이 분명했다.

동국대학교 100주년 기념관에서는 미리 준비 요원들의 분주한 모습이 행사장의 활기를 더했다. 원로 선생님들의 모습에서 덥고 피곤했던 마음들이 깨끗이 사라졌다. 지연희 한국문인협회 수필분과 회장님의 개회사를 시작으로 축사가 이어졌다. 시장님이 수필가로 세계 속에서 찬란했던 신라의 문화를 알리는 데 수필의 중요한 역할을 짚었다. 특히 8월 31일부터 9월 22일까지 터키 이스탄불에서 경주세계 문화 엑스포가 열린다. 이런 기회에 신라 조상의 숨결이 깃든 호국불교정신, 화랑정신 찬란했던 문화유산의 위대성을 알렸으면 한다. 한민족 5000년 역사의 뿌리에 1000년 신라의 살아 숨쉬는 조상의 발자취가 곳곳에 젖어 흐르고 있다. 과거의 문화가 현재에서 보듬고 가꾸어 미래로 나아가는 발걸음임에 분명하다.

감포해수욕장 근처에서 1박하고 아침 해변을 걸었다. 해변가는 잔잔했다. 바다 안개가 해안선을 가리고 운무처럼 피어올랐다. 태고의 숨결 같았다. 처음 보는 광경에 내 몸을 안갯속에 재우고 해변에 앉았다. 작은 자갈돌들이 물결에 들어 왔다가 밀리는 소리가 머릿속을 하얗게 비워내고 있었다. 천오백년을 그슬러 올라 그 바닷가에 그 때의 신라인의 모습이다. 해변에 한 중년 여인이 앉아 있는 모습은 그때나 지금이나 정말 다를 것이 없다. 해변과 자연의 모습은 변함없는데 그 찬란했던 천 년의 사람들은 어디에 있단 말인가? 그 시절 신라인을 찾아본다. 바다를 향해 무사안일을 비는 제를 올리고 해풍이 심하면 두 손 모은 아낙의 모습이 보인다. 소박한 신라인의 얼굴이다. 바닷물에 작은 자갈돌의 밀림소리처럼 변함없는 신라인의 숨소리이다

관음사지를 들렀다. 여름해가 10시를 가르키고 있었다. 그늘이 없는 금당 앞에 동서로 삼층석탑이 마주보고 있었다. 감은사는 신문왕이 아버지 문무왕께 은혜에 감사하는 마음으로 감은사라고 이름하였다. 문무왕은 왜구의 침략을 막고 죽어서도 나라를 지키겠다는 유언에 따라 신문왕 때 완공되었다. 호국불교정신이 신라인의 숨결로 서려 있었다. 절터 가장자리를 돌면서 해설자의 목소리가 또렷하게 들렸다. 5학년쯤 되어 보이는 학생들을 안내하면서 해설사는 더위도 잊

은 채 열정이 넘쳐나고 초롱초롱한 학생의 눈망울에서 미래로 이어지는 신라의 혼을 보았다. 주차장 가장자리 단층으로 조그만 점포들이 한줄로 붙어있었는데 특이청자 한 점이 눈길을 끌었다. 안내하는 아주머니는 반백이 된 머리카락을 하나로 묶고 손에 야생화를 만지며 생활 자기들을 추천했다. 온 얼굴에 뜨거운 해가 주근깨를 덧칠하여 태고의 얼굴로 미소를 던지고 있었다. 청자에 물방울무늬로 구멍을 내고 아로마 양초를 피울 수 있도록 한 장식품 이었다. 태고적 혼이 현재의 문명과 합일한 완성품이 되어 눈빛을 사로잡았다. 곳곳에 신라인의 숨결이 흐르고 있었다.

골굴사를 탐방하기 위해 입구로 들어섰다. 일주문 들어서기도 전 선무도 동상이 가로 세로로 줄지어 서 있었다. 다른 사찰에서 볼 수 없었던 전경이다. 절을 지키는 영화 소림사의 한 장면이 연상되었다. 조금 올라가니 화랑 사관학교라는 푯말이 있고 갈색 승복을 입은 젊은 스님이 간간히 보였다. 공연시간을 모르고 온 터라 공연을 보지 못해 아쉬웠다. 옛 조상들의 얼을 잘 계승하여 미래의 초석으로 나름 다져가고 있었다. 초등학교 때 외운 화랑의 후예, 화랑도의 세속오계 등이 어렴풋이 생각났다. 길을 따라 쭉 올라가니 아슬아슬한 계단을 지나 군데군데 돌에 조각된 불상이 안치되어 있었다. 불국사 건립보다 200년 앞선 사찰이라고 했다. 역시 경주는 호국불교정신이 골골이 새겨져 이어지고 있었다. 6세기경부터 우리의 조상들이 이 길을 오르며 부처님의 성전에 합장하던 모습이 잡힐 듯이 그려졌다. 조상의 숨결이 바람을 타고 가늘게 머리카락을 스쳐 지나갔다.

수필의 날 행사 차 들린 경주에서 시간을 초월한 변화된 경주의 오늘을 보고 태고의 흔적을 짚어 보았다. 잘 보듬고 다듬어서 후손에게 되돌려 줄때 우리가 느낀 이상으로 많은 이야기를 담아 면면히 흐르는 역사의 교훈이 전달 되었으면 한다. 진정한 애국이란 무엇일까? 국민의 책임과 의무를 다하고 누구에게나 빛이 되어 온기를 전할 수 있는 능력을 갖는 한 사람의 국민이 아닐까 경주에는 신라인의 혼이 곳곳에 살아 숨쉬고 그 숨결을 매만져 보존하고 알리는 자랑스러운 대한민국의 단면을 느낄 수 있었다. 위대한 신라 1000년의 도읍지 명성을 보존하고 있었다. 그 숨결이 구석구석 어디서든 느껴졌다. 대한민국의 국민으로 화랑의 후예로 살고 있음이 가슴 뿌듯했다. 아직 남아 있는 기억들 속에서 내 안에 신라의 혼이 깃들어 있음이 분명했다.

정월 대보름

성남 모란 시장은 오일마다 서는 도심 속 재래시장이다. 정월 대보름을 일주일 앞둔 시장은 다른 장날보다 붐비었다. 사람들이 길게 줄을 선 사이로 익숙한 뻥튀기 냄새가 어린시절 고향마을로 착각하게 했다. 정초가 되면 어김없이 산골짜기 마을까지 뻥튀기 할아버지가 찾아 들었다. 마을 어귀에 자리를 잡고, 펑 소리와 함께 갖가지 곡식들의 구수한 향이 온 동네 아이들을 불러 모았다. 한쪽에는 장작을 피워 언 손을 녹이고 줄을 서서 기다리다가 할아버지의 '뻥이요' 하는 소리에 귀를 막고 눈을 꼭 감는다. 펑소리가 나면 놀라는 것도 잠시 튀어나온 것들을 서로 주워 먹으려고 몰려들었다. 긴 망태기 밖으로 튀어나온 하얗고 통통하게 부풀어 오른 떡튀밥 맛은 지금까지 잊혀지지 않는다. 정월대보름은 일년 중 먹거리와 놀이들이 가장 풍부했던 시기로 따뜻한 추억들이 달빛에 묻어난다.

정월 대보름날이 내일로 다가오면 엄마는 오곡밥 준비로 초저녁부터 바빴다. 수수쌀과 차조도 준비하고 팥이랑 콩도 미리 삶아두었다. 봄부터 뜯어서 말려 보관해 둔 고사리와 갖가지 산나물 뭉치를 꺼내와 삶았다. 언제 잠이 들었는지 마구 흔들어 깨워 일어나 보면, 상위에는 오곡찰밥이 한 양푼 담아져 있고 초저녁에 준비하던 나물들이 가지런히 놓여 있었다. 쌀강정과 밤 땅콩, 사과 배, 술과 물도 놓여져 있었다. 아버지는 절을 한 뒤 부름 깨물자 라고 말 하면서 밤을 큰

소리나게 깨물어 먹으라고 했다. 그러면 피부병 없이 건강하다는 것이었다. 귀밝이술이라고 하면서 물을 마시라고 하였다. 오곡밥을 먹고 큰집(큰아버지댁)부터 한 그릇씩 차례로 갖다 드렸다. 그건 항상 내 담당이었다. 한 집씩 다녀올 때마다 남은 집을 세면서 싫은 마음을 달랬다. 칭찬이라도 들으면 발걸음이 저절로 빨라지고 시렸던 손가락도 부드럽게 녹는 것 같았다. 새벽 달빛은 찬바람에 시린 빛으로 골목길을 비추고 나누는 따뜻함은 말없이 가슴속에서 함께 자라고 있었다.

대보름날 저녁 달맞이를 끝내고 오빠들은 동네 앞 논두렁에 뛰어다니며 쥐불놀이를 했다. 며칠 전부터 쥐불놀이를 위해 아버지는 오빠들 수 대로 깡통을 구해서 못으로 구멍을 군데군데 뚫어 철사로 길게 끈을 메 주었다. 여러 명의 동네 오빠들이 모여 쥐불을 돌리는 모양이 예쁘게 보였다. 한번 돌려 보고 싶다고 아무리 졸라도 주지 않았다. 잘못 돌리면 불씨가 떨어져 얼굴에 화상 입는다는 것이다. 그때는 내게 주기 싫어서 하는 핑계로 들렸다. 삐지기라도 하면 손에 불씨를 붙여 주었다. 논둑에 불을 붙이고 번질까봐 조바심으로 청솔가지를 들고 끄던 불장난이 재미있었다. 쥐불놀이가 지칠 때쯤이면 친구들과 모여 집집마다 큰 그릇을 들고 다니며 오곡밥을 거둬서 먹었다. 그러면 건강하게 잘 큰다고 엄마가 일러 주면서 친척집마다 돌으라고 했다. 집집마다 나물이랑 오곡밥을 담아 주면서 맛있게 먹으라고 했다. 그때 함께 했던 친구들이 보고싶고 둘러앉아 먹던 오곡밥맛을 잊을 수가 없다.

동네 입구 동구나무 밑에 동네의 안위를 기원하는 대보름 동제를 지낸다. 엄마는 동제에 지낼 백설기와 재물을 챙기고 아버지 두루마기를 손질하셨다. 정월 대보름날이면 엄마가 준비해야 했던 일들이 많았고 어린 나는 그저 즐거웠다. 그 재물에 놓이는 백설기를 들키지 않고 주워 먹으면 머리가 총명해진다고 했다. 그런데 한번도 성공하지 못했다. 동제가 끝날 무렵 가보면 이미 누군가 가져가 버리고 없었다. 제사가 끝나기를 가까운 곳에서 지키며 기다리다가 가져가는 사람들이 있다고 했다. 그 이튿날 네모난 백설기 한 쪽씩을 아버지께서 친구들을 불러놓고 나눠 주셨다. 동제를 끝내고 일부는 제사상에 두고 나머지는 가지고 와서 나누어 주는 것이라고 하셨다. 눈처럼 하얀 백설기가 입안에서 부서지며 씹히던 맛이 어제 일처럼 생생하다.

설과 정월 대보름은 일년 중에 가장 비중이 큰 명절임에 틀림없다. 설날이 되기 전부터 미리 콩을 물에 불려 맷돌에 갈아 두부를 만들었다. 감주도 달이고 메밀묵도 하고 가래떡도 미리 준비해서 밤이 늦도록 떡을 썰었다. 그 옆에서 가래떡을 먹고 '도깨비', '별순이와 달순이' 이야기를 들었다. 그런 이야기들은 어느 동화책에서도 본 적이 없었다. 아마도 엄마의 창작 즉석 동화인 듯 했다. 설날이 지나고 일년 중 첫 번째 맞는 보름날까지 농경사회인 시골에서는 풍년과 무사안일을 위한 놀이와 제사 풍속이 이어졌다. 보름날 마지막으로 연도 날려 보내고 모든 놀이문화는 막을 내린다. 그러면 봄을 맞을 준비를 한다. 농기구와 밭을 정비하고 녹은 땅에 새순을 피어 올리는 냉이를 캐며 봄을 기다린다. 재래시장을 한 바퀴 돌며 가슴 속에만 남아 있는 세시풍속의 따뜻했던 기억들이 나를 과거의 시간으로 이끌어 주어 행복감에 젖게 했다. 얼음 끝 바람 사이로 봄햇살이 머리카락 위에 내려앉는다.

수필 오월의 바람 – 감사함에 대하여

오월이 되면 계절을 앞질러 느껴지는 바람이 있다. 감사함의 따뜻한 바람이 꽃잎 속에서 피어난다. 내가 살던 산골마을 들길 섶에는 하얀 찔레꽃이 초록색 이파리를 달고 은은한 향기를 뿜어내곤 했다. 찔레꽃은 중학교 2학년 때 농업과목을 가르치던 담임 선생님의 얼굴을 닮았다. 오월의 피는 아카시, 수국, 라일락등 향이 그윽한 꽃들이 다투어 만발하면 선생님이 멀리서 웃으며 다가오시던 모습이 그려진다. 해마다 이 무렵이면 수십 개의 화분에 국화순을 심으셨다. 학교 구석구석 꽃을 심고 가꾸는 모습이 우리들을 보듬는 정성 그대로였다. 오월이면 아련히 선생님에 대한 감사함이 꽃향기처럼 온몸으로 스며들어 가슴에 젖어든다. 오월의 바람이다.

오월의 햇살과 바람과 정성으로 국화가 제법 뿌리를 내리고 화분에 자리를 채워가고 있었다. 잎이 통통하고 튼실해 보여도 꼭 오전 오후, 하루에 두 번씩 긴 호수로 물을 줘야 했다. 그래도 한낮에는 여름 태양빛에 잎이 축축 늘어지는 모양을 한다. 선생님은 자라나는 국화에게 물같은 존재인 듯 했다. 오월에 불어오는 청량하고도 따뜻한 바람의 촉감이다. 아침에 등교해서 자습시간과 오전 오후 종례시간에 우리들과 함께 한다. 목마를 때 호수에서 뿌려지는 물은 얼마나 달콤한가? 무료하고 지칠 때 선생님의 말씀과 미소는 우리들에게 튼실한 미소와 자신감을 주었다. "우리나라는 자원이 부족하고 국토도 좁아서 여러분이 세계 속에서 경쟁할 것은 오로지 지식뿐이다. 최선을 다하라"고 했다. 선생님의 말씀은 오월에 불어오는 희망의 바람이다.

오후 종례시간의 일이다. 성적표가 배부되는 날이었다. 처음 담임을 맡았을 때 우리들에게 미리 약속 아닌 선언을 했었다. 평균점수가 1점 떨어지면 매 한 대라는 것이었다. 그런데 내가 평균 3점이 떨어졌다. 약속대로 손바닥 세 대를 맞았다. 맞을 때는 그저 담담했다. 그런데 국기에 대한 경례를 하는데 눈물이 멎질 않았다. 종례가 끝나고 선생님께서 남으라고 했다. 많이 아팠냐고 하시면서 손을 잡았다. 더 눈물이 쏟아져서 울먹였다. 선생님의 손길이 따뜻한 바람이 되어 온몸으로 젖어 들었다. 부모에게는 불효요, 나라에는 불충이요, 선생님의 마음을 아프게 하는 나는 뭔가? 각성하게 하는 오월의 청량한 바람이다.

요즘 학교에서는 사제간師弟間의 관계가 상상을 초월하리만큼 변했다. 잃어버린 인성교육의 실태가 안타깝기 그지없다. 아이들이 다니는 교정에 진정한 오월의 따뜻한 바람이 불었으면 한다. 가슴 깊이 느껴지는 희망의 청량한 바람, 평생 뇌리에 담아 감사함으로 피어나는 훈훈한 바람. 청춘들의 고되고 지친 마음에 한줄기 빛으로 와서 안기는 바람. 오월 보리밭의 청량한 바람이 요즘 학교에도 불어오길 기대해 본다. 선생님이란 이름으로 뇌리를 흔들어 깨우는 말씀의 바람이 스스로 일어났으면 한다 해마다 오월이 되면 유난히 바람에 실은 꽃향기처럼 은혜로움이 밀려든다. 오월 바람이 온 몸을 감싸고 불어온다.

김좌영

가을 산은 웅크린 채
깊은
생각에 잠긴다.

시

늦게 피는 꽃

돌아오는 길

젖은 꽃

낙엽이 지는 산

밤빛

충북 청주 출생, 『문파문학』 시 부분 신인상 당선 등단, 한국문인 협회, 문인협회 용인지부, 시계문학회 회원, 문파문학인회 운영이사, 수상 : 제2회 시계문학상 저서 : 시집 「그땐 몰랐네」, 공저 : 「가을 햇살 폭포처럼 쏟아지는데」 외 다수, 「문파문학」24집, 「용인문학지」15집, 「문파 대표시선52인」 외 다수

늦게 피는 꽃

그대를 위해 나는
해가 되고
달이 되고
별이 되고 싶었다

그대를 위해 나는
산이고
들이고
강이고 싶었다

오늘도 나는
촉촉한 물방울
고요한 바람이다

돌아오는 길

저무는 노을빛 빌딩 숲
저곳이
평생 그리는 고향이었나
무심히 달리는 고속버스
발길이 무거워
서럽게 요동치는 물든 차창

변모한 향수의 그 거리
싸늘한 낙엽만 뒹굴고
마주한 추억 속 중화반점
쌓인 회포 술잔에 기울고
밀려오는 흑백 영상들
가슴이 아리였다

생각이 잠든 차내
여정을 달래는 배호노래
가냘프게 따라 부르는
미모의 은발 여인
그도 외로운 나그네인가

젖은 꽃

많이 아프게 해서
엄마 미안해
이 꽃 참 예쁘지
분홍 카네이션 한 송이
왜소한 앞가슴에
눈물로 달아주는 끝순이

간지러워 이것아
언제나 철이 나는지
살며시 젖가슴을 여미던
참하고 곱던 우리 엄마
세월에 젖어 시드는 꽃
그저 바라보는 서러움

그렇게 좋아하던
박하사탕 나뒹구는
시리도록 외로운 그늘
오늘도 흐르지 않는
엄마의 한탄 江

낙엽이 지는 산

변화무상한 긴 세월
산은
계절을 익히며 심오한 시를 쓴다
아지랑이 자락에 흔들리는
철쭉꽃 연정을 담아내고
때로는
불볕더위 씨알 품고 헐떡이는
생명의 영혼을 그려내기도 한다

늘 그렇듯이
가을빛 출렁이는 들녘 굽어보며
네모마음 세모마음 곱게 수놓은
낙엽 시를
석양이 물든 잔잔한 강물에 띄우는
산은
로뎅의 조각상처럼 웅크린 채
깊은 생각에 잠긴다

밤빛

온갖 상념이 파도치는 창가
풀벌레 소리 애처롭고
차갑게 파고드는 스산한 바람
포근한 커피향이 그리워지는
우윳빛 고요가 흐르는 밤
착각의 세월 속 숯덩이 가슴
약손으로 쓸어주는 고운 달님
졸랑 졸랑 따라온 아기별
아름다운 천사들 공간을 채워도
교감交感 과 정情은 다른 것인가
은하수 밤하늘 헤매인다

이규선

귀뚜라미 우는 계절에
귀뚜라미의 촉수처럼 연필을 듭니다.
흰 종이에 귀뚜라미 울음소리를 적어내는 일이
쉽지 않지만 적고난 뒤엔
종이에서 나는 울음소리를 듣게 되지요
시의 강하고 오묘한 힘입니다
가을이 가기 전 한 줄의 울음소리라도
더 적어 내려가야겠네요.

시

서울 출생, 『문파문학』 시 부분 신인상 당선 등단, 시계문학회 회장, 문파문학회 부회장, 용인문인협회 회원, 공저 : 「너의 모양그대로 꽃 피워라」, 「문파 대표시선52인」 외 다수

계단

노을져 가는
아파트 현관 모서리

지난 모든 생을 걸어
두 계단을 올라온 노파가
세 번째 계단에 무거운 여정을
내려놓고 숨을 고른다

노파를 지나 무심코 오르는 발걸음들
그들도 언젠가 두 계단을 겨우 오르고
주저앉아 올라온 계단을 토해내
지팡이로 뒤척일 것이다

노파가 이마에 새겨진 생의 계단을
손바닥으로 쓸어 올리며
서쪽하늘 한켠을
바라보고 있다

터널

호리병에 모가지를 집어 넣어본 사람은 안다
절벽에 부딪쳐 퍼득이는 나비를 보며 지구의 끝임을 알았다.
날개에서 떨어진 분진의 회오리를 따라
호리병을 몇 바퀴 돈 후 희미한 불빛을 찾아
겨우 빠져나올 수 있었다

천천히 맨발로 선 발등 위를 내려다본다.
또 다시 그곳이 지구의 시작이다

가느다란 모가지에 거친 숨소리 한 모금 집어넣는다

이슬방울

아침향기
이슬방울 되어
맺혀 있을 때
목걸이 끝에 매달아
꼭 쥐고 살아 볼꺼다
오늘 아름다운
하루였노라고
할 수 있을 때까지

나비

커피숍 창가의
한적한 테이블
커피잔 위에
나비 한 마리 날아와 앉는다

내 일생 처음 보는 나비

날개 곱게 접고
커피향에 살며시 얼굴을 기댄다
속눈썹 사이
잔잔한 미소가 흐른다

나비는 한동안
날아가려 하지 않았다

봄비

툇마루 처마끝 아래
마당 뒹굴던 사기그릇 속
발자욱 소리
한 방울씩 빠져든다

소리. 봄.

개나리 휘청 빠져들 모양
물방울 말아쥔 손 끝

한 방울 발자욱이
살며시 걸어오고 있다

김옥남

가을,
그리움,
넉넉한 계절 너와 나 함께였으면-

시

어느새 유월

해그름

외로움과 서글픔

은발의 고양이

내려놓을 수만 있다면

경북 안동 출생, 『문파문학』 시부분 신인상 당선 등단, 한국문인협회, 한국문인협회 용인지부회원, 문파문학 감사, 시계문학회 사무국장, 공저 : 「가을 햇살 폭포처럼 쏟아지는데」, 「2011문파대표시선52인」, 「용인문학지」 외 다수

어느새 유월

분홍빛 진달래가 온 산을 뒤덮고
아린 빛깔로 닫혀있던 마음 유혹했다
가슴 설렘을 토닥이며 장단 맞추기도 전에
유월은 짙은 녹색 옷으로 갈아입고
성급한 걸음으로 내 곁에 다가왔다

맑은 강물에 비춰진 홍당무가 된 얼굴
가을을 그리 멀지 않는 곳에 두고
조급함을 감출 수 없어 들켜버리곤
허둥대는 모습이 안쓰럽다
아직은-
생生의 여름이라고
쓸쓸함을 애써 외면하며 억지도 부려 보지만
마주한 거울 속 낯선 여인의 얼굴엔 슬픔이 고여 있다
크게 다가서는 헛헛한 그림자

내生의 봄날은 언제였을까
태양처럼 뜨거웠던 여름은-
생각의 늪에 빠질수록 잦아지는 깊은 한숨
무겁게 내려앉은 잿빛 하늘 탓이다

해그름

한여름의 더위는
용광로보다 더 뜨거운 열기를 뿜고 있다

저녁, 스멀스멀 기어오는
숨막히는 열기 끌어안고
여름은 내 것이라 절규하는 매미의 외침

아우성 속의 적막
간간이 찾아오는-

해그름,
모두가 둥지를 찾아들 때
떠나고 싶다
노을이 깊은 서해바다로-

외로움과 서글픔 –낙엽–

시린 가을하늘 머리에 이고
한 잎
한 잎
붉은 눈물 머금고 있다

토해내지 못하는
응어리진 외로움과 서글픔
차가운 바닥에 빈 몸 내동댕이쳐져도
견뎌내야만 하는-

화려한 빛깔 뒤에 숨어
아파도 아프다하지 못하는 그대
찬바람에 허기진 몸 맡기고
꿈을 움켜지고 떠돌다
멈추는 그 곳에서
다시,
환생의 꿈을 꾸어본다

은발의 고양이

서늘한 가을바람이 분다
어슬렁어슬렁 먹이 찾아 헤매는 고양이
도도한 차가운 그 눈빛과 마주쳤다
절대 곁을 주지 않는
잡힐 듯 잡히지 않는 고양이
한 때는 고고함 그 자체였다

은발 여인의 흔들리는 아린 눈빛
등나무 밑 벤치에 앉아 갈바람과 마주하고 있다
여름날,
강남여인이라는 타이틀 어깨에 올려놓고
화려했던 추억과 만나고 있다
가지치기의 부작용, 펼 수 없는 날개
아리디아린 상처는 옹이가 되어
서글픔을 쏟아내고 있다
해질녘,
구석 자리 놀이터
그녀의 동공이 그네를 탄다

내려놓을 수만 있다면

아집, 내려놓을 수만 있다면 참 좋겠다

네 곁에 나를 머물게 할 수 없다는 것이
내 곁에 너를 머물게 할 수 없다는 것이
네가 나였고 내가 너였는데
껌딱지처럼 거슬리는 것들
애를 써도 떨어지지 않는다

잊고 있었던 끈적거림은
뇌파를 자극하며
순간순간 괴롭히고 있다

전화는 항상 켜져 있는데-
상큼한 유자차 한 잔하며
마음 나눌 수 있는
그날이 빨리 왔으면 좋겠다

문득, 네가 그리워지는 날은
애꿎은 전화기는 몸살을 앓는다

박진호

삶의 의미를 방황에서 찾아봅니다

시

『문파문학』 시 부분 신인상 당선 등단, 방송대 국문과졸업, 동국대학교 문화예술대학원 문예창작과 수료, 한국문인협회 회원, 문파문학회 감사, 시계문학회 회원, 공저 : 「바람이 창을 두드릴 때」 외 다수

벽과 바람

벽의 인내심은 바람과의 대화
바람에게
벽은 벽이라는 외침으로
홀로 서 있는 것
내 맘은
바람 같은 변화로 채울 수 없다는 것

바람의 벽을 향하는 말
높고 낮음의 차이를 느껴 봐
세상은 넓으니 떠나 봐
돌고 도는 것도
하나의 모습이야
그래도 벽을 찾는 바람의 욕구

벽 안의 불어오는 바람은
빈 마음의 흔들림
먼지를 벗겨내야
하늘의 햇살을 빗힐 수 있는
순수와 조촐한 마음
이 세상의 우물물 같은

방황을 느낄 때

사막 같은 삶의 현장
일상을 거부하고 새로움을 찾는다
순간순간 삶의 굴레를 내려놓고
마음의 요동을 따라나서지만
건조한 세상의 바람만 맡을 뿐이다
서 있는 삶이 이리 힘들 줄은 정녕 몰랐다
방황의 언저리에서 만난 이들의
상처와 무게감을 어떻게 알까
내가 하는 일을 도무지 모르겠는데
성공과 축복의 내면도 어두움과 침묵으로
견디기 어려운 당혹감을 느낀다
어려운 시기의 행복의 추억은
또 다시
평화를 깊이 간구할 뿐이다

그림자

홀로 길 찾는 힘찬 걸음
의지할 인연이 있어
어둔 밤 달빛 따라 간다

홀대 속
깊은 골짜기 외진 계곡
던져 넣어도 기어 나와
묵묵히 춤추며 따라와
딴청하며 이어온 인연

질긴
나와 너의 간격은 허물지 않고
항상 한 축이 되어 지탱해 준 너

세월

지나가는 시간에도
지문처럼 의미가 묻어있다

기계처럼 사는 것도
소용돌이치는 시각의 좌표 위에
부표처럼 떠 있기에 느끼는 공허함이다

순간의 맛을 보려 해도
호수 위 빗방울처럼
무심한 세상 앞에 퍼지는
허상의 동심원 위에 서 있다

길

하나의 정해진 길을 가기 위한
또 다른 갓길이 있음을
하루하루 걸으며 체험할 때
하나가 일이 아니었음을 알았다

단순하고, 없는 마음으로, 지속적으로
한 길을 꾸준히 걸을 때
한 걸음이 한순간이었음을
눈물로 알 때가 있다

왜 한걸음에 만족 못해 두 걸음을 욕심냈을까
이 길만이 살 길임을 알 때도
방황하는 순간의 속성은
마음이 깨달아야 하는 결정적 순간

길이 한 군데로 나 있어도
마음이 찾는 결정적 순간은
미래로 길을 내고 있음에
집중하는 아픔이다

김복순

두근두근 콩콩 뛰는 가슴에
사랑이 찾아와 나를 위로하네
마음에 기쁨 슬픔 괴로움이 가득차 있었지
사랑은 모든 것을 털어내고
평안을 심어주며 다시 시작하게 하였지
눈을 감았다 떠보며 행복을 찾았다

시

충남 천안 출생, 『문파문학』 시 부분 신인상 당선 등단, 문파문학회, 시계문학회 회원, 공저 : 「가을 햇살 폭포처럼 쏟아지는데」 외 다수

빗속에 고속도로

달리는 자동차 바퀴에서
물꽃이 핀다
푸르른 숲 하늘문이 열리고
쏟아지는 빗줄기로 뿌연 먼지 씻어준다
가물어 메마른 땅
스며든 빗물에 흙의 향기 숲속에 번져
물안개 피어오르며
파란 하늘에 수를 놓는다

엄마생각

안개가 자욱한 새벽
해가 떠오르며 세상을 밝힌다

몸빼 바람 날리며 동동걸음
어느새 해는 중천에 떠있어
따가운 햇살은
밀짚모자도 얼굴을 가려주지 못해
뽀얀 모습을 검붉게 물들여 놓는다

허리 한번 펴고
냉수 한 그릇 목축이고 나면
친정엄마 생각이 난다
엄마가 보고파
엄마 엄마-
하늘 향해 불러본다
햇님 내맘 알았을까
어느새 서쪽으로 뉘엿 뉘엿 모습을 감추며
쉬엄 쉬엄
꿈나라 여행을 하란다

폴더는 어디 있을까

온다 간다
소리 없이 내 폴더는
나의 사랑하는 이들 전화번호랑
추억의 사진이랑 가지고 떠났어
어디에 있을까

손안에 있어주길 손꼽아 기다려도
기다려도 오지 않아
아들이 스마트폰을 손에 들려주었지

첫사랑 인연은 잊을 수 없어
아쉬워하며
스마트폰하고
정들려고 하는데 어렵다

땜빵

도시 아가씨
시골 노총각 따라 나선 길
푸른 숲 첩첩산중
새들의 지저귀는 소리
다람쥐 노는 모습에 힘든 줄 모르고

한 밤 두 밤 지구 한 바퀴 돌고 돌아
아가 엄마가 되었네

검정고무신 하얀고무신 찢어지고 구멍 나면
사포로 문지르고 본드 발라 굳으면
떨어진 고무신짝 오려서 붙히면 새 신발

고무다라 양은다라 항아리 금이 가고 구멍 나면
먼지 닦아내고 청테이프 은테이프를 부치고
항아리는 세면 가루 이겨서 붙이면 새것

함지박 나무절구통 틈새 벌어지면
철판조각 도려내어 갈라진 곳 잔못 박고

대바구니 얼그미 부실해지면 천으로 땜빵하면
새 그릇 하나 둘 늘어난다
시어머니 지혜 나도 어느새 닮아간다

옷해어지고 터지면 천조각 대고 꿰맨다
구멍난 양말은 다 떨어진 양말 오려서
30촉 5촉 전구 구멍 크기에 따라 대고 꿰매어
아이들은 내리내리 입히고 신기며 하여도
재미있었다

행복

아가에 재롱에
웃음꽃이 피어난다

아가가 까르르 웃을 즈음
열매 주렁-주렁
웃음 한마당 잔치 열렸다

아장아장 껑충 껑충
아이들 세상 왁자지껄
누야 오빠
형아야
언니야

어느새 아이들 자라서
하나 둘 씩
초등학교 입학을 한다

DESIGN CAPITAL

이광순

산책길에서 만난 하얀 나비
이제 얼마 남지 않은 나비의 시간,
꽃과의 싫은 사랑을 나눴을 나비.
그러나 이제 꽃은 나비와의 사랑을 접어
단단한 등을 보이기 시작했는데
접어지지 않는 나비의 꿈.
나비가 나인 듯 해 한바탕 마음앓이를 하던 날
시 한편을 토해내고는 비로소 편안해진다.
그래서 또 되지도 않는 말을 쓰고 있나보다.

시

물밑을 흔드는 것
부화하는 저녁
숲 속으로 가는 길
조개
겨울강

서울 마포 출생, 국민대 교육대학원 졸업, 『문파문학』 시 부문 신인상 당선 등단,
한국문인협회, 문파문학회, 시계문학회 회원, 공저 : 「바람이 창을 두드릴 때」
등

물밑을 흔드는 것

저물고 있는 녹색의 못池
물이 되겠다던 부레옥잠은 가벼워진 몸피로
물과 경계를 이룬다
그 사이를 비집고
형체를 보이지 않는 작은 흔들림

어둠의 입질에 걸려든 흔들리는 기억
그가 되겠다고
유난히 펄펄 끓었던 시간
연보랏빛 흔적으로 남은
고된 사랑
끝내 닿을 수 없는 자리와 작별한다
여름내 탕진한 몸속으로 들어가
이제는 숨어버린 이야기
물밑을 흔드는 것은
돌아오지 않을 그 그리움

뭉텅뭉텅 안개 쏟아내는 녹색 수면 위로
가을이 드러눕는다

부화하는 저녁

10년이나 변치 않고 버티던 몸속 바위가
성장을 멈췄다
늙으면 줄어든다던 의사의 말대로
세월 속에 형태를 지닌 혹
몸피를 줄이는데
기억이 집을 짓고 있는 가슴 속 공동空洞은
나이들수록 형태도 없이 커져만 간다
허물지 못한 경계 속 삶이
억울했을까
이따금 바람이 색을 바꿀 때면
잊혀 지지 않는 시간들이 만들어낸
질긴 기다림, 그 줄 내려놓으니
새 한 마리 날아든다
공동空洞 속에서 연신 울어대던 새
먼 길 걸어 이제 모든 시간
견딜만 해진 저녁
심장 속 끓는 피 속에 머리를 묻고
부화한다 어두워지기 전
꿈틀꿈틀 쏟아지는 신생의 언어들

숲속으로 가는 길

햇살 깊숙하게 꽂히던 숲속
나무와 나무 사이 풀어진 안개
앞을 가로 막는다
들어서지 못하고 서성대는 두 발
한번도 닫힌 적 없는 문이었는데
머리 위에서 흔들리는 깊어진 초록빛
나무의 간격은 곧게 길을 만들고
너와 나의 간격은 그저 멀기만 하다
몸 흔들어 너에게 다가서려 하지만
꼿꼿한 너의 몸짓
멀어진 나뭇가지 끝에서 낡은 기억들
소리 내어 운다
새로운 사랑을 하기엔 이미 저문 시간
놓지 못한 인연 하나
숲속 길 따라 저만치 떠나고 있다

조개

바다를 떠난 지 얼마나 되었을까
싱크대 위에 얹혀진 조개
이방異邦의 공간
길다란 혀 드나들며 여기저기
파란 숨 토해낸다

벌어진 입
팔딱팔딱 돌아다니던 그 세상
사랑에 달 뜨던 밝은 목소리도
매달려도 허물어지기만 하던 몸 추스리며
목젖을 울리던 어두운 목소리도 있었다
몸 깊숙한 데로 파고드는 모래알
진津을 토해내며
열거나 다물어야 했던 입
가슴 속 옹이의 무게다

올가미 같은 하루하루 담아낸
조개의 입
이제 서서히 혀 끌어들여야 할 시간

너와 나의 시간을 찢고
출렁출렁 흔들리는 물소리 꺼내고 있다

겨울강

닫혀진 강 등 뒤에서
가슴이 얼마나 출렁이는지 알 수 없어
바람 휘감고 흔들리는 갈대 숲
떠돌던 사랑
지체된 시간 앞에 우리고 우려낸 선홍빛 틈 사이
비집고 들어앉은 어둠이 깊다
가슴 에이는 높바람 소리
먼 산마저 성큼 내려와 긴 그림자 만들고
섞이지 못한 너와 나의 입김 얼어붙어
쩌렁쩌렁 우는 강위에
숨죽이며 쌓이는 눈발
홀로 남겨진 시간이 서럽다
겨울, 마지막 귀퉁이 돌게 될 어느 날
묵묵히 기다린다
한없이 내려앉는 물살 위에
웅크린 햇살 길게 깔리면
갈라 터진 가슴속 빗장 풀고
함께 흘러갈 우리

손거울

가을걷이가 한창이다.
나의 작은 텃밭에도 가을걷이가 행해지고 있다.
수인이 게으른데다 기후마저 좋지 않아 작황이 시원치 않다.
잡초 사이에서 뛰놀던 녀석을 보내고 잔소리 들으며 보낸 한해이다.
그래도 나의 땀의 성적표이기에 부끄러운 마음으로 원고를 보낸다.

수필

너를 보내고
잡초
잔소리

경북 경산 출신, 대경대 교수, 한양대 겸임교수, 『문파문학』 수필부분 신인상 당선 등단, 한국문인협회, 한국문인협회 용인지부, 시계문학회 회원, 문파 문학회 운영이사, 저서 : 수필집 「울 엄마 치마끈」, 공저 : 「가을 햇살 폭포처럼 쏟아지는데」, 「문파대표시선 52」 외 다수

수필

너를 보내고

소니야! 너를 보내고 나는 아침이면 킹킹거리며 신문 가지러 갈 시간을 알려주던 네가 없어 좀 늦게 일어나 나 홀로 진달래가 핀 산길을 걷고 있다. 네가 고라니와 경주하던 이길 오늘은 고라니가 나를 힐끗 보면서 유유히 산을 넘는구나. 너만 보면 혼비백산하던 들고양이도 나 혼자인 것을 알고 살금거리며 길을 가로지른다. 10여분이면 도착하던 이길 너 없이는 그렇게도 멀구나! 소니야! 나의 동반자, 이 길을 혼자 걸을 때마다 간절해지는 너의 모습 보고 싶은 이 마음 어찌하랴.

점심 후면 너와 함께 거닐던 산길 산책, 눈 오는 날이면 너와 내가 나란히 두 줄의 발자국을 만들며 다정히 거닐던 길, 너와 걷던 그 날은 꽃메만 맺어있던 진달래가 오늘은 몇 송이가 피어 나를 반긴다. 너 없는 길이 싫어서, 혼자 오기가 너무 싫어, 근 열흘 만에 처음 오르는데 저 산봉우리 넘어 뛰어 올 것만 같은 너의 모습에 내 눈이 흐린다. 고라니 따라 달려가다 가도 산 정상에는 먼저와 꼬리 흔들며 기다리던 네가 있을 것 같아 발걸음을 재촉해 본다만 너는 없구나. 큰소리로 너를 한번 불러본다. 소니!

그날은 눈이 너무 많이 내려 너와 같이 가던 신문 가지려도 가지 못한 채 종일 기다리다 오후에는 찻길은 겨우 눈을 치워 주었으나 산에는 갈 수 없었지. 너는 여자 친구 콜과 함께 용변이나 보게 해달라는 애원하는 너의 눈빛 너무도 안타까워 용변만 보고 돌아오기를 바라며 둘을 함께 목줄을 풀어준 것이 나의 큰 실수였지. 바로 돌아올 줄 알았던 너희들은 밤이 되어도 오지 않기에 밤을 세운 나는 새벽부터 장화를 신고 지팡이를 꺼내 들고 허벅지까지 차오는 눈을 헤지고 온산을 다 돌아보았지만 너희들의 발자국은 보였지만 찾을 길 없어 이틀간이나 돌아보았지만 허사였다. 나는 눈물은 머금고 포기해야 했다.

네가 집 나간지 3박 4일 만에 해질 무렵 너는 피곤한 기색으로 목에 쇠올가미를 걸고 혼자 돌아왔었지. 나는 너를 안고 반가워 눈물이 흘렀지. 같이 집 나간 너의 여친 콜은 더 이상 찾을 기력도 잃어버리고 너 하나만도 돌아온 것이 천만 다행이라 여겼다. 목에 감긴 쇠올가미를 보니 너의 강한 이빨로 가는 쇠줄 올가미를 한 올 한 올을 물어뜯어 실타래처럼 풀려 있었다. 이는 기적이다. 주인을 찾아 오려는 강한 너의 의지가 쇠줄도 끊을 수 있었구나. 내 몸을 비비며 좋아하던 너의 강한 체력이 자랑스러웠다.

너는 밤을 새우며 허기와 힘겹게 싸운 연고로 몸이 점점 쇠약해지는 것 같았다. 곧 회복되겠지 하는 안이한 생각에 기다렸지만 차츰 기침을 하고 숨이 가빠오는 것 같았다. 미련한 나는 예사로 생각하고 산책과 신문 가지러 여전히 같이 다녔지. 올봄 날씨는 그렇게도 변덕이 심한지 너의 감기가 심해질 것 같아 나는 밤중에도 너의 집을 찾아 너의 자리를 보아 주기도 했지. 급기야 몇 주 전부터 소화를 잘 못시키는 것 같아 동물병원을 찾았다. 여러 가지 검사를 마친 의사는 장기 기능에 별 문제가 없다며 주사 한 대 놓아주고 며칠분 약을 주며 진단비로

십여 만원을 청구하였지만 비싼 것 같았으나 너만 건강하다면 그 정도는 감수하기로 했다. 그런데 문제는 약을 먹는 날부터 점점 더 식사를 못 하는 것 같아 몇 차례 더 병원을 찾았지만 먹지 못한 너는 더욱 쇠약해지기 시작했다. 마지막으로 병원을 찾았을 때는 의사가 자신이 없음을 직감했다. 너의 발에 링거를 꽂고 집으로 왔지.

그날 밤중에도 너를 생각하면 잠이 오지 않아 몇 번이나 너를 돌아보고 쓰다듬어 주고 했지만 말 없는 너는 랜턴 불빛에 멀뚱히 쳐다보기만 했지. 지금 생각해보니 네가 말을 할 줄 알았다면 통증을 호소했으련만 눈만 마주치면 힘들게 꼬리를 흔들어 주인에 대한 사랑을 표시했지. 나는 더이상 어쩔 수 없어 머리만 만져주고 돌아설 수밖에 없었다. 그 날 밤에 혹시 하는 생각에 몇 차례나 반복하여 너의 집을 찾았지. 아침에 일찍 일어나 너의 집을 찾았을 때 그때 벌써 몸이 말을 듣지 않았는지 굳어져 가는 다리로 혼신의 힘을 다하여 펄쩍 뛰어 내게 안기던 그 순간이 네가 내게 달려온 마지막 순간이었구나.

아침 일찍 따뜻한 물을 한 바께쓰 담아 수건으로 너의 마지막 가는 몸을 씻겨 주었지. 그렇게 튼실하던 너의 몸이 뼈가 만져지더구나. 정성껏 온몸을 닦아 주었지만 너는 별 반응이 없었다. 그 멀뚱한 눈으로 나만 쳐다보고 있었지. 그동안 너를 구속했던 쇠 목줄도 풀고, 너의 목을 잡고 속눈물을 지었지. 마지막 키스도 했지만 너는 알았는지 모르겠다. 나는 너의 인종을 지키려고 자리를 뜰 수 없었다. 깨끗한 자리를 깔고 안아 옮겨 두고 너의 머리에 손을 대고 어떻게 할 수 없는 나의 처지를 원망하고 있었다.

마지막으로 나를 한번 쳐다본 후 자리에서 일어나는 듯하며 다리를 뻗었다. 나를 못 잊는 듯 눈을 뜬 채 숨을 거두었다. 땅이 꺼지는 것 같은 비통한 말로 어찌 표현하겠니. 매실나무 두 그루 사이에 구덩이를 깊이 파고 머리를 남쪽으로 향하게 하고 앉은 자세로 너에게 안식을 빌며 묻었다. 매년 봄이 되어 매화가 피면 너의 꽃으로 생각하고 열매가 맺으면 너의 만나듯 만져보리라. 우리 집에 온지 삼년 참으로 너는 나의 좋은 동반자였다. "천국에 가서 만나면 너도 사람이 되어 한 식구로 살았으면 좋겠다." 하던 집사람의 말이 현실 되었으면 좋겠다. 부디 잘 자라 나의 동반자 소니야!

수필

잡초

올해 좀 일찍 시작된 장마가 오늘 새벽은 소강상태를 이루었다. 텃밭이 궁금하여 발길을 옮기는데 잔디밭 끝에 키 큰 고들빼기 한 포기가 뿌리 체 뽑혀 쓰러져있다. 한 이틀 전 집사람이 잔디 사이에 자란 잡초라고 뽑혀 졌는 것 같다. 뿌리가 하늘로 향했는데 내린 비에 물로 씻은 듯 하얗게 깨끗하다. 그러나 묘하게도 작은 머리는 태양을 향하여 치켜들고 있다. 분명 아직 그 속에 위대한 생명이 살아있다. 잡초라는 이유로 송두리째 뽑혀 던져져 있지만 분명 살아있다. 잡초라는 이름 때문에 고초를 겪고 있다.

아직 생명이 살아 있다는 것에 잔잔한 감동이 나를 움직인다. 잡초라는 이름의 천덕 꾸러기 고들빼기를 밭 가장자리에 물기가 가득한 땅을 파고 생명이 계속 이어지기를 빌며 심어 주었다. 밭에는 이틀 사이 우뚝 자란 채소들이 온 밭에 생기가 가득하다. 채소 뿐만 아니고 채소 사이에 자란 잡초는 채소보다 훨씬 크게 자랐다. 어떤 것은 웃자라 힘이 세어져 채소를 밀쳐내고 있다. 호미를 잡고 풀을 뽑기 시작 했다. 한참 뽑고 있던 중 보이지 않던 쇠비름이 한 포기 잘 자라고 있다. 잡초 중에 가장 끈질긴 잡초 쇠비름이다. 줄기가 지렁이처럼 붉은 빛을 띠고 있는 쇠비름은 보기만 해도 징그럽다.

어릴 적 밭에 김을 맬 때 쇠비름이 나타나면 특별조치를 하던 생각이 난다. 이 녀석은 다른 잡초와 달리 어떤 방법을 쓰도 비만 오면 다시 살아난다. 때로는 쇠비름만 따로 모아 불로 태우기도 했던 쇠비름이다. 그런데 오늘은 반갑다. 요즘 도시에 있는 친구들로부터 쇠비름 구해 달라는 전화가 자주 온다. 왜냐면 쇠비름이 귀한 약초로 둔갑한 것이다. 불에 태우지 않는 한 죽지 않는 생명력이 약효가 좋은 모양이다. 특히 만성 질환에 특효약이란다. 한 포기가 가을이 되면 수십 포기가 된 수 있기 때문이다. 이렇게 잡초가 언제 우리에게 귀한 대접 받을지 아무도 모른다. 채소나 곡류가 아닌 것은 무조건 잡초라고 이름하여 소멸작전을 쓰고 있는 관계로 멸종되는 잡초도 부지기수일 것이다.

요즘 흔히들 잡초와의 전쟁이다란 말을 자주 듣는다. 그도 그럴 것이 뽑고 나면 다시 자라나기 때문이다. 그러나 나는 '잡초와의 전쟁'이란 말에 동의하고 싶지 않다. 전쟁을 하려면 적이 있어야 하는데 잡초를 적으로 여기기는 너무나 큰 인연이 있기 때문이다. 우리가 가꾸어 먹는 작물은 전체가 다 자연에 비하여 너무나 적다. 또 모든 작물은 어디서 왔을까요? 작물의 원조는 잡초이다. 잡초가 있기에 작물이 있다. 쇠비름처럼 잡초로 천대받다가 어느 날 귀한 몸이 된 것같이 잡초가 작물이 된 것이다. 학교에서는 차유 피유此有 彼有라 하여 이것이 있으면 저것이 있다고 한다. 반대로 이것이 없으면 저것도 없다는 논리가 성립된다. 인간은 이 원리를 무시하고 살아왔던 것 같다. 이제 와서 허겁지겁 자연보호란 명분 아래 자신을 돌아보는 기회가 돌아온 것 같다.

수필

잔소리

정말 유난히 지루한 올 장마 속에 병원으로 검진받으러 가는 집사람의 대리운전(?)을 자청했다. 오가는 길 합하여 약 두 시간 남짓한 길이다. 차를 돌려 산길을 내려오는데 길이 많이 파였다. 조심해서 운전대를 잡는데 "빗길 조심 하시오"한다. 비가 오고 있고 비로 파인 길 조심하지 않고 운전할 사람 누가 있나? 다 아는 사실인데도 조심하란다. 골짝에서 내려오는데 길이 파여 조심했지만 승용차 바닥이 낮아 덜컹한다. "조심하여 운전하지 않고" 짜증 섞인 잔소리다. 경력 30년에 무사고 운전수다. 맡겨두고 보고만 있어도 될텐데 연속하여 잔소리다. 조금만 속도를 내어도 교통 표지판보다 빠르면 잔소리다. 속도메타를 운전수인 나보다 더 자세히 보나 보다. 별로 흥미없는 아내의 잔소리다. 빗방울이 점점 세어진다. 잔소리가 섞여 더 굵어지나 보다.

잔소리란 무엇일까? 쓸데없는 소리이겠지. 쓸데없는 소리 중에서도 상대방을 귀찮게 하는 말이다. 바가지형 잔소리와 질책형 잔소리는 듣는 사람이 괴로워할 지경이다. 어릴 적에도 잔소리를 들으며 자랐다. 그러나 엄마의 잔소리는 듣기 싫지 않았다. 잔소리로 여기지 않았으니 잔소리가 아니고 멘토형 당부로 여겼다. 엄마 잔소리를 듣고 어린 나는 바르게 자라려고 애썼다. 그런데 지금 내가 듣고 있는 잔소리는 귀찮은 잔소리로만 들린다. 말은 씨라고 한다. 즉 감정의 뿌리이다. 잔소리를 하는 사람은 별 생각이 없는 것 같다. 문제는 듣는 자의 몫이다. 엄마 잔소리처럼 그렇게 들리지 않는다는 것이다.

종종 부엌 설거지를 도운다. 개숫대 앞에선 나보다 의자에 앉아 있는 사람이 설거지 할 내용을 더 잘 안다. 나는 세제 사용을 싫어한다. 세제가 하수를 통하여 하천이 오염되고 다시 그것이 공해가 되어 우리에게 돌아온다고 생각하니 무섭게 느껴지기 때문이다. 기름기가 묻은 그릇은 어쩔 수 없이 세제를 써야 하지만 그 외에는 세제사용을 배제한다. 어떤 그릇은 세제를 사용해야 할지 애매한 것도 있다. 그럴 경우 영락없이 잔소리 신호가 온다. 세제로 닦아야 한다고 잔소리 신호다. 이런 잔소리를 들을 때는 하던 일을 팽개치고 싶을 때가 있지만 참고 넘어간다.

외출할 때는 복장 검사를 받는다. 요즈음은 출근이 없으니까 대충 넘어가기도 하지만 잔소리를 듣는 때도 있다. 출근 때는 와이셔츠와 넥타이가 주로 지적 대상이었다. 나도 색감을 알고 좋아 하는 것이 있는데도 굳이 다른 것을 주장할 때가 많았다. 마음이 놓이지 않는 모양이다. 지금은 지적 대상이 아래로 내려와 와이셔츠 밑자락이 단정히 바지에 끼워지지 않았다는 지적이 많아 졌다. 그리고 키가 줄었는지 바짓가랑이 끝이 바닥에 끌린다는 지적이 잦아졌다. 힘껏 추슬러 올려도 별 차이 없이 바지 밑자락이 바닥을 쓸고 다닌다. 나이 들면 키가 줄어든다는데 때가 되어 가는 듯하여 잔소리보다 더 서럽다.

가장 힘드는 잔소리는 역시 차 운전 중이다. 운전은 언제나 신경이 곤두세워진다. 오디오를 듣고 있지만 운전대에 온 신경을 쓰지 않으면 안 되는 시간이다. 주로 속도의 지적이다. 운전자가 알아서 교통 물결에 보조를 맞추어야 하는데 집사람은 교통 표지판에 지정된 속도를 주장한다. 도로 공사중인 차량이 앞을 가로막을 때나, 사고 차량이 발견되면 나름의 응급조치를 취하고 있는데도 "차선"하고 고함칠 때는 내가 놀란다. 외국속담에도 'Backseat drive(뒷좌석 운전) 하는 여자와는 결혼 하지 말라'는 말이 있다. 운전자가 운전할 때는 아무에게도 간섭 받지 않고 운전하고 싶은 것이 바램이란 것을 알았으면 좋겠다. 잔소리가 신경을 자극하기 때문이다.

나이 들어가면서 의지할 곳은 부부밖에 또 있으랴? 우리는 서로 존중하고 감싸 주어야 할 대상이다. 우뇌가 발달한 여성은 여성 호르몬인 에스트로겐의 분비가 활발하여 포용하고 대화하려는 욕구를 자극하여 잔소리를 하게 된다고 한다. 반면 좌뇌가 발달하여 논리적인 남성은 남성 호르몬 테스토스테론의 분비가 왕성하여 직선적인 사고가 우세하다고 한다. 남성이 직선형이라면 여성은 원형의 사고로써 서로 만나는 점의 각도가 정확하지 않나 보다. 그러니까 남성은 운명적으로 잔소리를 들으며 살아야 하나 보다.

잔소리가 위험한 것은 나를 포함한 남성들도 나이가 들면서 남성 호르몬이 줄어들고 여성호르몬 분비가 증가하여 식구들에게 잔소리를 하는 쫌생이들이 더러 있다고 한다. 이런 간 큰 남성은 밥 얻어먹기도 힘들게 될까 걱정이다. 잔소리도 듣는 내가 각성하여 엄마의 당부처럼 긍정적으로 들을 수는 없을까? 잘 들어 보면 집사람의 잔소리가 틀린 이야기는 아니다. 다만 하지 않아도 될 수 있다고 생각하기에 쓸데없는 소리로 들릴 뿐이다. 피할 수 없이 들어야 한다면 잘 새겨듣는 연습을 하며 살아야겠다. 잔소리가 큰소리가 되지 않게 조용히 듣고 빙그레 웃을 수 있을 때까지 속을 비우고 또 비워야겠다. 잔소리하는 사람이 같이 있다는 것에 위로를 받는다. 아내의 얼굴에 드리워진 주름이 오늘따라 애처로워 보인다.

박명규

이천십삼년 구월 새 이름표 달게 된
청명한 가을, 하늘 더 높고 푸르다
시의 바다에서 더 눈부신 흰 파도로 출렁이고 싶다.

시

경북 영덕 출생, 고려대 경영정보대학원 졸업, 『문파문학』 시 부문 신인상 당선 등단, 문파문인협회. 시계문학회 회원, 공저 : 「그랬으면 좋겠다」, 「그대 그림자」 등

개여울의 울림

시나브로 속살 드러내는 얼음장 밑
돌 틈새로 구르는 물소리

겨울을 보내는 송가다
아니다

봄을 여는 합창이다
아니다

천년을 이어온 교향곡이다
아니다

만겁을 어우르는 하모니다
아니다

그것은
아득한 영겁의 울림이다

어미의 마음

뜬구름 뿌연 날
공항 가는 발걸음엔 돌덩이가 메달려 있다
손 흔들어야 할 시간
아들 손등 쓰다듬는 어미손, 떨고있다

"열흘이 너무 짧구나"
(---)
"가서 애들 잘 키우고 건강 조심해라"
"예---"
"언제 또 올거야"
여리게 떨리는 목소리

초록 잎새 붉게 물들어, 지고
다시 초록 짙어질 즈음에야 겨우 보게된 자식
함께한 열흘은 번개처럼 지났다

네 번이나 바뀐 강산
어엿한 불혹의 나이 어미 눈엔
언제나 화롯가 어린 아이

바다 건너 아득한 지구 저편
벨 소리 만 울려와도 그 날만은
휘영청 보름달이 되는 어미 모습

그래도

날선 바람 에우는 동네 어귀
자식 같은 잎새 다
떨치고 버텨 앉은 느티나무

시리다
참아야 한다

외롭다
견뎌야 한다

떠나고 싶다
그래도 자리 지켜야 한다

마르지 않는 잿빛 미망
떨구어 낼 때까지

권소영

이 세상 어디에도 존재하지 않는
부족의 여인으로 태어나
이 세상 어느 곳에도 없는 언어로
당신께 말합니다
'사랑한다'

시

경북 문경 출생. 『문파문학』 시 부문 신인상 당선 등단. 문파문인협회, 시계문학회 회원. 공저 : 「그대 그림자」, 「2012 문파대표 시선 52인」 외 다수

빗방울의 시간

빗방울이 토란잎에 후두둑 내려앉았다가
주루룩 미끄러져 빗물에 섞인다
구름의 시간에 푸른 잎맥 겨냥해
젖은 마음 내려놓을 작정한 적 없었으리라
한 뼘의 인연으로
토란잎 흔드는 절정을 살고
물의 시간으로 돌아간 것일터

토란잎 스치는 행운으로
지상의 시간에 나 깃들었던가
아뜩하게 머리 울리는 우레 잦아들고
광포한 바람의 기억은 잊어
빗방울 지나며 만든 촉촉한 대기의 잔무늬처럼
사람과 사람 사이 고요히 번지는 여린 파문으로
조용한 물빛 절정을 살다
순연한 무無로 섞이면 참 좋은 것일터

화인花印

두텁고 너른 탁자를
사이에 두고
우리는 앉았네
분홍꽃무늬 자기瓷器 주전자에 담긴
차를 따랐네
분홍꽃무늬 찻잔에 찻물이
따라지는
사이

그와 나
사이에도
찻물처럼 차오르는
그 무엇이 있는 듯
세월의 갈피에 눌러놓은
꽃잎에서
부서질 듯 투명하게 마른
기억의 결에서
흐린 향내
여직 묻어나오는 듯

얇게 눌려 말라버린
분홍 꽃잎이
내 몸속 어딘가에 박혀있어
꽃무늬가 있어
즙 같은 것이
찻물에 섞여지고 있는 듯 했네

그날 나는
시오리 먼 데서 풍겨오는
분홍꽃
향을 본 듯 들은 듯
그 꽃즙 같은 차를
마신 듯도
아닌 듯도 했네

사랑 혹은 스캔들

낙엽사史

이것은 예기치 못한 결별
되돌리지 못할 마지막 선고
머무르지 않는 사랑을 품은 자의 죄값
뚝
뚝
떨어지는 살점
애 마르고 피도 말라
붉지도 못한 흑갈색 고통
촉촉한 수액으로 움 틔워
온 몸 달뜨게 하던 봄날
고귀한 왕녀보다
당당하게 빛나던 너의 여름
너에겐 생을 바친 사랑
그에겐 두어 계절의 연애담
너 없이 되풀이 될 너와 그의 역사
그만의 연애사

그리고 나목裸木의 편지

첫눈이 내리고 있네
그대 보내고 여러 날
쓰린 눈으로 벌거벗은 밤 견뎌야 했네
그대 아실까, 이별은 절대 면역되지 않는 통증
잘려진 시간으로 나를 재셨나
그러나 알면서도 말하지 못했네
그대의 무한한 다른 삶 속에 내가 있음을
언어는 망각의 깊은 강을 건널 수 없네
그대 기억 못하리
그 모든 탄생의 환희와 소멸의 추위를
무수한 반복의 고리를 향한 무력한 저항을
이것은 거역할 수 없는 의지
거부할 수 없는 본능
이제 눈이 그쳤네
희미하던 그대의 흔적마저 묻혔지만
떨리는 몸으로 듣고 있네
모든 기억들이 용해되는 대지의 숨결

꽃과 잎의 푸른 생이 품어드는 대지의 침묵

그럼 그대여, 그대였던 기억이여

내가 기억하지 못하는 나여

또 다시 안녕

능소화

맨가슴으로 치받아 기어
마침내 오르고만 황홀한 절정

천 년의 갈증으로 되짚어 올라도
끝내는 피할 수 없는 허방을 잡으며
토해낸 간절한 탄성

사랑하면 놓아줄 줄 알아야 한다
잡은 손 떼면
불볕 담장에 생가슴 지져 피는
저 열꽃

모가지 채 툭 떨어져 흙바닥이어도
마알갛게 눈뜨고 있는
情炎에
능소화, 중독된 사랑

素月

구백아흔아홉 밤을 구백아흔아홉 번
하늘 정기로 영근 뿌리
마악 껍질 벗고 살캉거리는 속살 드러냈다

더덕향 짙은 달빛

마침내 겹겹 옷 벗어내고 맨살로 선 女子
삼백예순다섯 날을 쉰 번쯤
땅에서 농익어 뜨는 달

URBAN HIV

박옥임

바알갛고 노오란 잎들의 빛
두 팔 벌려 살근거리며
살포시 내려 앉는다,
오늘도 난 감성의 언어를 찾아 나선다

시

부산 출생, 성균관 대학 교육학과 졸업, 문파문학회, 시계문학회 회원
공저 : 「그랬으면 좋겠다」, 「그대 그림자」, 「2012 문파대표 시선 52인」

이별

슬픈 듯 외로운 듯
고요히 내리는 비
가을을 저만치 밀어낸다
젖어서 을씨년스런 가을을 잡아볼까
훌쩍 산속으로 들어갔다
숲 속은 더욱 시리고 차다

황홀하게 물들었던 잎들
올올이 떨어져 내리고
구석구석 감아드는 차가운 바람
파리한 얼굴로 부비며
계곡 사이 떨어지는 물
수척해져 흐른다
가을이 그렇게 지나간다

가을 속에서

가을을 만나러 숲길을 간다
여름내 마음껏 자란 나무들 터널 만들어
한참을 숲만 보고 걸을 수 있는 길
싸한 공기가 살갗에 파고든다

쏴아 – 쏴아–
바람이 노래하며 술을 어루만지고
나무를 휘감아 잎들이 춤을 춘다

바알갛고 노오란 잎들의 빛
두 팔 벌려 살근거리며
살포시 내려앉는다

바스락 바스락 밟히는
가을의 소리
삶의 흔적 군데군데 덕지 앉아

바래어진 가슴조차
설레임으로 코끝 간질이는

가을의 냄새

소소히 떨리는 말간 하늘
더 투명해진 하이얀 구름
차가운 푸르름이 함께하는 가을

바람의 노래

청명한 하늘 바람 감기어 와
나무를 어루만진다
숲을 어루만진다

그 그늘에 잠시 서 보면
나조차 나무 되어
바람의 포옹 바라기 한다

분노도 슬픔도
초조하고 긴장된 일상
어둡고 먹먹한 가슴

두 눈 꼭 감고
네 두 손이 내 얼굴 감싸고
불러 줄 노래 기다린다

살갑고 보드랍게 감겨오는
너의 노래를

너를 보낸 날

꽃비 나리는 화사한 봄날
이제 14살인 어린 네가
세상이 버거워 두 눈 꼭 감아버렸다
번갯불 같은 생애
섬광처럼 지나가 버렸다
너를 보내고 가슴 구멍 막혔다

'미안하다'
'용서해다오'
위로도 용서도 받지 못할 비명 같은 울음
허공에 메아리 되어 떠돈다
이별을 인식조차 할 수 없는
끝없이 아득한 이 시간
용납될 수 없는 이 아픔

볼 수 없는 널
가슴에 담고
하늘가에 앉아서
슬픈 꿈 바라본다
내 눈도 함께 감는다

길 잃은 새

차가운 비바람 스쳐가고
숲은 회색 침묵에 잠긴다
앙상하게 옷 벗은 나무들 사이
새 한 마리 울면서 서성이고 있다

이별이 서러워 머뭇대다
갈 길을 잃어버렸나
안타까움이 서러움 되어 목이 메인다

뾰족한 부리 하늘 향해 뻗쳐 보지만
싸늘한 바람 와서 부딪치고 흩어진다

소리쳐 울음 울어 서러움 털어내고
젖은 날개 비비며
비상의 날개를 편다

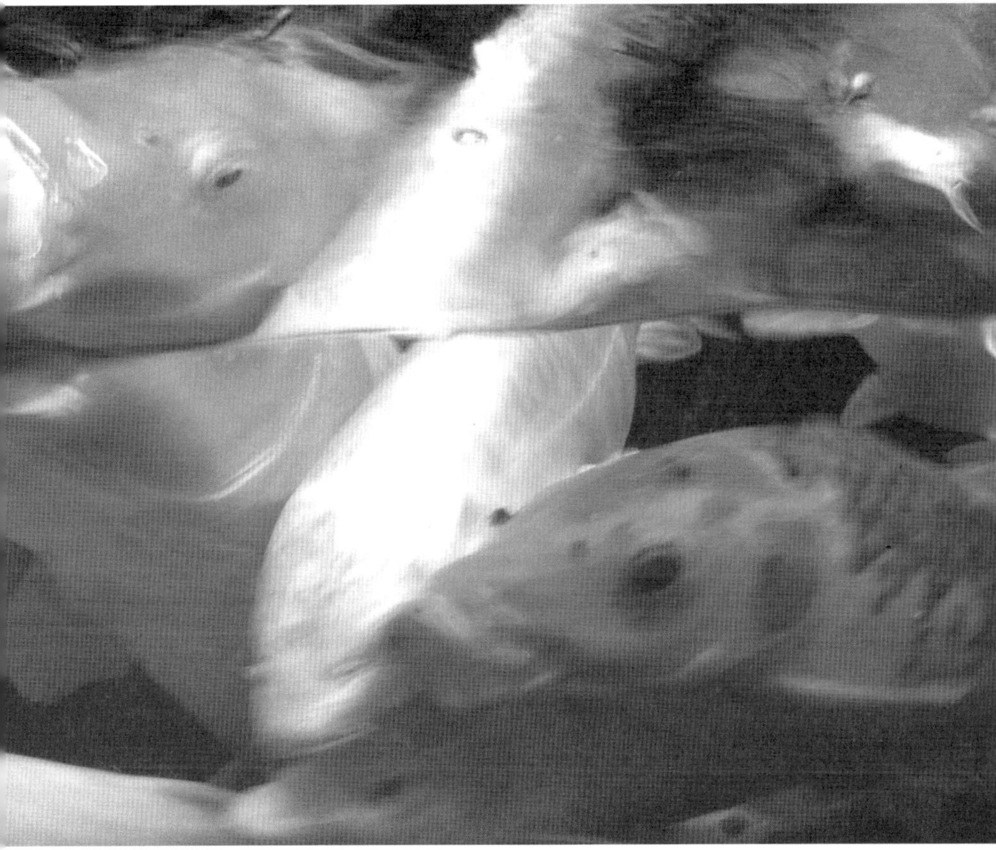

이홍수

오래 비워둔 집
나직히 저녁연기가 피어오른다

시

8월은
배롱나무 꽃
유월의 애가哀歌

수필

오월을 보내며
사랑의 대물림

경북 김천 출생, 시계문학회 회원

8월은

땡볕이
숨 막히는 오후
한 줄기 시원한 소낙비가 기다려진다

사방의 푸른 녹음은 활화산의 불꽃처럼
성숙의 열기를 더해가고

간간이 불어오는 미풍에도
한들한들 몸을 맡기는 애잔한 꽃들

더위도 아랑곳없이 현란한 몸짓으로
분주하게 꽃과 꽃 사이를 배회하는
나비와 벌

땀 흘리며 가을을 꿈꾸는
8월은 피나는 생존의 계절

유월의 애가 哀歌

따가운 유월의 햇살 아래
국립 현충원 27 묘역
피 끓던 청춘이 말없이 누워있다

마른 비석을 어루만지며
눈물로 닦고 또 닦는 어머니
이 세상 어떤 슬픔이 이보다 더하랴
지켜보는 마음 몸 둘 바를 모른다

전쟁이 일어나지도 않았는데
동족의 탈을 쓰고
아직도 호시탐탐 도발을 일삼는
유일한 나라

그 횡포에 소리 없이 쓰러지는
아까운 젊음
어이없이 피눈물 흘리는 사랑하는 사람들

핵폭탄을 머리에 이고도

먼 미래를 설계하며
열심히 앞만 보고 달려가는 애달픈 민족

유월이 가면 뻐꾹새 소리와 함께
서서히 또 잊혀지는 붉은 선혈
그대들이 못다 부른 슬픈 노래여…….

---

* 27묘역 : 평상시 북한의 도발로 희생한 장병 묘역

배롱나무* 꽃

봄 한 철 피어난
그 많은 꽃들이 자취를 감춘 뒤
서서히 느린 몸짓으로 기지개를 켠다.

제 허물을 벗으며
조용히 속삭이는 번뇌와 뉘우침
새롭게 태어날 신선한 몸부림

여름의 끝자락
이글거리는 태양도 거센 비바람도
멈추지 못하는 불꽃

피고지고 피고 지며
소리 없이 토해내는 구원의 노래
하루 이틀 열흘 백일

---

*배롱나무 : 부처 꽃과 일명 木백일홍

수필

오월을 보내며

늘 바쁘게 지내는 막내가 전화를 했다. 반갑게 받아보니 며칠 뒤 아버지 생신에 맛있는 파스타 집으로 점심 식사를 초대하겠단다. 오월은 우리 집과 인연이 많은 달이다. 해마다 집안 행사가 남편의 생일을 시작으로 막내딸의 생일 그 다음으로 친정아버지의 생신이 있다. 서로 오고 가며 정을 나누다 보면 참 좋은 계절이란 느낌이 든다.

정자동에서 식사를 하고 후식은 서판교 레스토랑에 가자는 딸의 권유로 차를 몰았다. 지나가는 길마다 푸른 신록에 꽃 잔치가 벌어졌다. 작은 호수를 끼고 있는 레스토랑에는 사람들로 북적이는데 우리는 케익과 차를 마시고 밖에 나가 산책로를 걸었다. 역시 어딜 가나 물과 나무와 꽃이 어우러져야 아름다움이 배倍가 된다는 걸 보여주고 있다. 눈부신 햇살에 오월의 풍경이 황홀하게 펼쳐졌다 우리 가족 모두는 그 곳에서 환하게 웃으며 인증 샷을 찍었다. 참 행복한 하루였다.

내가 지금보다 훨씬 젊은 날의 오월은 환하고 찬란한 날씨에 꽃은 흐드러지게 피었는데 아이들은 중간고사 기간이다. 중학교가 끝나면 고등학교가 시작되어 일찍 귀가하는 날이 많았다. 식사와 간식을 만들고 쾌적한 환경을 만들어 학습의 효과를 올려 보겠다는 일념一念과 어버이날 스승의날 생신 등 집안 행사를 준비 해야했다. 마음 놓고 오월을 음미吟味해 보지도 못하고 보내 버린 많은 날들이 아직도 아쉬움으로 선명하게 남아있다.

어느 책에 이재무 시인이 "생활은 촛불이다, 언제 꺼질지 모른다, 그러므로 타오르는 동안 열심히 타올라야 한다."는 말은 이번 오월에 읽은 글 중에 가장 나의 마음에 와 닿았다. 젊은 날에는 앞으로 많은 날들이 남아 있다는 기대감으로 하루하루 최선을 다해 촛불을 타 올리지 못한 어리석음의 연속 이었다. 작고도 사소한 날들까지도 소홀이 할 수 없는 다시 돌아오지 않는 날이라는 진리를 지금처럼 뼈저리게 느끼지 못했다. 앞서간 모든 사람이 온갖 미사여구美辭麗句로 부르짖은 진리도 자기가 직접 체험하지 않으면 실감하지 못하는 인간들의 단점을 나도 비껴가지 못한 탓이다.

오월의 꽃들은 유난히 하얀 꽃이 많다. 꽃이 하얗게 핀 모습이 고봉으로 올린 쌀밥 같다하여 이팝나무는 요즘 가로수로 멋스럽게 자리잡아 사람들의 시선을 즐겁게 한다. 튀긴 좁쌀을 붙인 것 같이 옹기종기 매달려있는 조팝나무, 언제나 담장 넘어 보이는 정다운 하얀 찔레꽃, 온산 등성이에 무리지어 피어있는 하얀 아카시아, 하얀 라일락, 등은 화려하지 않으면서도 사람들의 마음을 은근히 사로잡는 매력이 있다. 가끔씩 불어오는 바람결에 언뜻 언뜻 묻어오는 은은한 향기는 오월에만 느낄 수 있는 특별한 향연이 아닐까. 어느 오월 이웃에 사는 연세가 나보다 훨씬 위인 어른께서 마당에 핀 꽃들을 보고 반색하고 감탄하며 한참을 이리 저리 보시는 것을 보고 저 연세에도 아직 저런 감수성이 살아 있을까? 생각했던 적이 있었다. 그러나 지금은 그 마음을 알 수 있을 것 같다. 나도 예전에는 해마다 때가 되면 자연스럽게 발생

되는 모든 것에 특별한 애정을 갖지 않았던 것 같다. 그런데 요사이는 날이 갈수록 모든 것이 새롭고 신기하고 조금 더 가까이하고 싶은 마음이 저절로 일어나는 것을 보면 나도 어쩔 수 없는 노년기에 접어든 것임을 실감한다.

어느 해 이태리 여행 중 그때도 오월 중순의 화창한 날이었다. 버스로 로마에서 피렌체로 가는 길목 차창 밖으로 넓은 들판에 무리지어 군데군데 피어있는 빨간 개양귀비꽃이 바람에 한들한들 손을 흔든다. 숲속에는 빨간 지붕들이 평화롭게 촌락을 이루고 있었다. 우리들이 청소년기에 많이 읽어본 외국 소설의 한 장면이 낯설지 않게 다가오고 있는 것 같았다. 얼굴과 말이 다를 뿐 자연의 변화와 모든 인간의 원초적인 삶과 희노애락喜怒哀樂은 이 세상에 존재하는 한 서로 상통한다. 그로 인해 언어와 국경을 초월한 모든 사람들이 공감하고 감동하는 예술이 탄생 된다.

예술은 우리들의 삶을 문학으로 승화시켜 살아가는 지침이 되게 한다. 그림과 조각은 오래도록 눈에 선한 감동으로 떠오르게도 한다. 또 환희와 슬픔 고통을 음악으로 표출하여, 끊임없이 우리들을 오월의 훈풍처럼 감미롭게도 하고 슬픔으로 얼어붙은 마음을 따뜻하게 녹여주기도 한다. 이외에도 여러 가지 장르의 예술은 삭막하고 일회적인 우리들에게 없어서는 안 될 활력소며 깊은 위로임을 여행하는 동안 끊임없이 느끼며 돌아온 기억이 난다.

해를 거듭 할수록 사라지는 모든 것에 연민이 더해간다. 아름다운 계절도 예쁜 꽃들도 아등바등 살아가는 우리들도, 이 세상에 생명이 있는 모든 것은 언젠가 자기의 사명을 다 하는 날 덧없이 소멸될 것이다. 그러나 한편으로 생각하면 유한하기에 더욱 아름답고 치열하게 살아갈 가치가 있지 않을까? 이율배반적인 논리이지만 달리 위로할 방법이 없다. 이 부분만은 철저한 신神의 영역이기 때문이다. 올해도 오월을 보내며 많은 사색과 아쉬움으로 마무리한다. 한 가지 분명한 것은 늘 살아 있음에 감사하며 더욱더 열심히 하루하루 촛불을 타오르게 할 것을 다짐해본다.

수필

사랑의 대물림

올해는 일찍 장마가 시작되어 유월에서 팔월까지 근 51일 가량 지루한 장마가 이어진다는 기상청의 예보다. 중부 지방에는 33년 만에 가장 긴 장마라고 한다. 연일 추적거리며 내리는 비로 마음까지 축 늘어져 파마를 할 시기를 꽤 오래 놓쳤다. 오늘 모처럼 맑은 날씨에 파마를 하고 있는데 카카오톡이 왔다. 큰 손녀가 중학교의 일 학기를 우수하게 마무리 하고 오늘 방학식을 했다는 소식이다. 나도 모르게 입가에 흐뭇한 사랑의 미소가 번진다.

외환위기로 온 나라가 힘들어 할 때 큰딸 내외는 유학을 마치고 돌아와 우리에게 천사 같은 첫 손녀를 안겨 주었다. 이웃에 살면서 거의 날마다 보지 않으면 보고 싶어 달려가고 아니면 저희들이 찾아오면서 그 당시 남편 회사의 골치 아픈 모든 시름을 달래곤 하였다. 우리 아이들 키우던 기억은 별로 생각이 나지 않는다. 손녀가 자라는 모든 과정은 생전 처음 보는 것 같이 신기하고 대견하기만 하였다. 우리 집에 혼자 와서 놀 때와 저희 엄마와 둘이 와서 놀 때 보다 휴일에 저희 아빠랑 같이 오면 우리 가족 다 모 여서 행복하다며 더 명랑하게 잘 놀다가는 사랑스러운 아이였다.

내가 손녀를 바라 볼 때 가끔 가슴에서 나도 모르게 뭉클한 그 무엇이 주체할 수 없이 솟아오르면 문득 나에게도 지극한 사랑을 주시던 외할머니 생각이 떠오른다. 나는 외가에서 태어나 첫아이라 엄마

젖의 양이 너무 많았나 보다 네 살 위인 막내 이모가 먹던 외할머니의 젖을 먹고 자랐다고 한다.

온 집안의 첫째로 태어난 나에게 외할머니의 사랑은 말할 수 없이 깊었다.

이 세상에 눈을 뜨고 처음 바라본 따뜻하고 정이 넘치는 외가는, 오래된 종가로 사시사철 기제사에 음식 장만으로 사람들이 드나들었다. 경남이라 기후도 온화하여 해산물을 비롯한 다양한 음식재료들이 풍부한 고장이었다. 시대적으로 한국동란 전후에 모두가 어려운 때이지만 그곳은 피난을 가지 않 았다. 오히려 피난 온 사람들을 따뜻이 품어주던 인심이 넉넉한 곳에서 나의 유년 시절이 시작되었다. 엄마는 나보다 두 살 아래인 동생을 돌보고 나는 주로 외할머니의 절대적인 사랑과 이모 외삼촌 외집안 식구들의 관심과, 온 동네가 집성촌이라 어딜 가나 낯선 사람이 없는 평화로운 환경 속에 여섯 해가 어떻게 지나는지 모르게 흘러가 버렸다.

아버지께서 대학을 마치고 교직을 택하신 후 우리는 정든 외가를 떠나 경북에 있는 소도시에 살게 되었다. 나는 밤마다 꿈속에 외가의 넓은 마당에서 뛰어 놀고 식구들이 왁자지껄하며 지내다 잠이 깨면, 낯선 환경과 단출한 식구에 외할머니의 모습도 찾을 길이 없어 잠에서 깨고 싶지 않을 때가 많았다. 그러던 중 초등학교에 입학하여 한 달 정도를 다니다 우리 고모의 결혼식에 군대에 갔던 작은집 외삼촌이 오셨다. 휴가로 외가에 간다는 이야기를 듣는 순간 나는 외삼촌이

타고 온 군용차에 울고 불고 매달렸다. 아무리 달래도 막무가내인 나를 더 이상 말리지 못하였다. 그때는 교통이 좋지 않아 가다가 하루 친척집에 묵어가며 오매불망 그리던 외가에 도착하였다. 학교에 다니는 내가 엄마도 없이 외삼촌을 따라 온 것을 알고 외할머니는 반가움과 놀라움에 나를 붙들고 막 우셨던 기억이 새롭다.

이웃에 살던 딸이 팔년 전 사위의 직장을 따라 부산으로 이사를 하게 되었다. 서로 의지하고 살다가 새벽에 딸과 네 살 먹은 꽃 같은 손녀를 수원역에서 전송을 한 뒤 몇 날을 우울하게 보내던 어느 날 오후 8시쯤 전화가 왔다. 받아보니 손녀가 울면서 "할머니 보고 싶어요" 하면서 통곡을 한다. 나도 반가움과 그리움에 전화기를 붙들고 한참을 울다가 손녀가 병이라도 날까봐 당장 내일 할머니가 부산 갈 테니 울지 말라고 달래던 기억이 난다. 요즘은 방학마다 우리 내외가 내려가면 부산 사람이 다 되어 우리를 여기저기 데리고 다니며 의젓하게 안내를 하고 있다.

육남매의 맏이였던 나는 지방에서 서울로 하숙을 하며 대학 진학하기가 어려웠다. 그때도 외할아버지와 할머니께서 서울에 있는 외삼촌댁에서 생활할 수 있도록 배려해 주시고 내가 교편을 잡고 직장에 근무 할 때도 음으로 양으로 많은 사랑을 베푸셨다. 결혼 후에는 외삼촌댁에 사시며 근처에 있는 우리 집에 내가 필요할 때마다 오셔서 이것저것 보살펴 주시면 나는 할머니께서 좋아 하시는 음식이나 아주 작은 성의를 드리면 흐뭇해 하셨다.

지나고 보니 정말 눈 깜빡할 사이에 나도 할머니가 되어 손녀를 애틋하게 사랑하고 그리워하는 입장이 되었다. 내가 받은 그 많은 사랑을 나도 손녀에게 끊임없이 주고 싶다. 친정도 멀리 있고 친구도 가까이 없어 외로워 하는 딸의 든든한 버팀목이 되어 주는 손녀가 한없이 고맙기만 하다. 이번 여름방학을 알리는 카카오톡에 "성실하고 건강하게 한 학기를 잘 마무리하여 보석 같이 빛나는 너를 사랑하고, 늘 겸손하고 건강하게 생활하도록 할머니는 기도하겠다"고 찍어 보냈다.

손녀는 "네 할머니 감사 합니다… 말씀 새겨듣고 열심히 생활하겠습니다. 사랑해요♥ 할아버지께도 안부 전해주세요"하는 답신이 왔다. 훈훈한 가슴으로 손녀와 따듯한 정을 나눌 때 마다 나의 자상하시던 외할머니가 더욱 사무치게 그리워진다. 나도 할머니처럼 우리 손녀가 예쁘게 성장하는 과정을 오래도록 지켜보며 할머니께서 나에게 주신 사랑을 손녀에게 되돌려 줄 수 있기를 염원해 본다.

이지원

제 몸의 상처를 감싸고 돌처럼 굳어진 옹이엔
도끼날을 들이대지 않아야 하네
옹이는 나무의 사리이므로
상처를 사리로 만드는 기나긴 나무의 생에 대한 예의이므로

– 복효근 시인의 『장작 패는 법』 중에서 –

수필

대구 출생

수필 나비

노란 채집통에 나비가 매달려 있다. 여섯 살 꼬맹이가 키보다 큰 잠자리채를 휘저어 운 좋게 잡은 나비다. 제 손으로 처음 잡은 나비인지라 잘 키우겠다는 의욕이 넘쳤다. 저가 키울 거라며 아이는 참새처럼 짹짹거렸다. 덜 여문 손으로 하얀 망초꽃을 꺾어 넣어주며 나비가 쉴 곳도 되고 꿀도 먹을 수 있을 거란다. 나비를 돌보는 세심한 마음이 흡사 엄마 같았다. 나비는 세모꼴이 되었다 부채꼴이 되었다 날갯짓이 현란했다. 여린 날개로 좁은 채집통 안을 쉼 없이 날아다녔다. 이내 망초꽃은 시들었고 나비가 굶을까 걱정이었다. 시골서 받아온 야생화 꿀을 넣어주기로 했다. 마침 아이들이 알맹이를 쏙 빼먹은 젤리통이 있어 꿀통으로 딱 이었다. 젤리통에 꿀을 가득 담아 채집통에 넣어주었다. 나비에게 큰 선심을 베푼 것 같아서 우쭐우쭐하였다. 나비는 달콤한 꿀냄새를 맡고 냉큼 날아서 꿀통 언저리에 앉았다. 이내 돌돌 말려있던 입을 쭉 뻗어 꿀에 꽂았다. 그 모습이 흐뭇했다. 꼬맹이는 팔짝팔짝 신이 났다. "나비 입은 빨대야!"라며 재미있다며 흉내 내기 바빴다. 그날 나비에게 달콤한 꿀을 마련해준 우리는 뿌듯한 마음으로 하루를 보냈다.

나비가 꿀통에 빠졌다. 꿀통에 철퍼덕 한쪽 날개가 붙여 있다. 밤새 무슨 일이 있었는지 나비 몰골이 말이 아니었다. 나비는 외쪽 날개를 휘저으며 구조신호를 보내고 있었다. 꿀통주위엔 하얀 눈물비늘이 흩뿌려져 있었다. 밤새 펄떡였나보다. 나비가 꿀통에 빠지다니… 꿀을 너무 많이 주었구나싶었다. 달콤한 꿀이 독이 되었다는 생각에 마음이 뜨끔했다. 꼬맹이는 나비가 죽는다고 발을 동동 굴렀다. 서둘러 꿀에 붙은 날개를 떼어주자 나비는 진저리가 났는지 꿀통에서 멀찍이 달아나서 노란채집통 뚜껑에 매달렸다. 미동이 없다. 밤새 날개가 닳기도 닳았다.

노란학원 차에서 큰애가 내렸다. 집에 들어서자마자 찬 거실 바닥에 철퍼덕 붙어버렸다. 아이는 누운 채 오늘 무엇 무엇을 했는지 보고를 했다. 더운 여름날 학교를 마치고 학원을 2, 3가지 다녀오면 아이는 파김치가 된다. 보기에 안쓰럽다. 하지만 배워두면 좋은 것들이라 그만두지 못하고 있다. 꿀통에 빠진 나비가 우리 집 거실에 누웠다. '너도 꿀이 많으니?' 엄마는 속으로 물었다. 큰애는 밖에 나가 놀아도 되냐고 매일 똑같이 묻는다. 이날은 왠지 말문이 막혔다. 어차피 저녁끼니때도 늦었으니 나가 놀 수도 없고, 늦은 저녁에 같이 놀 친구도 없다. 아이도 알고 있다. "내일 놀자"는 엄마대답이 옹색하다. 내일도 엄마표 시간표는 빈틈이 없다.

애처로운 나비 두 마리가 웅크리고 있었다. 엄마는 자문하듯 작은 아이에게 물었다. 나비를 풀어주자고. 물으면서도 아이욕심에 나비를 그냥 두자고 하지 않을까 기대하였다. 하지만 꼬맹이는 그러자며 대답이 경쾌했다. 그리고 확답을 받고 싶은지 "나비는 꿀을 잘 찾지요?"라며 물어준다. "그럼. 그럼. 이 꽃 저 꽃 날아가서 꿀을 찾을 거야. 스스로 말이야." 엄마는 엄마에게 대답했다. 좁은 채집통에 갇힌 나비에게 달콤한 꿀을 넣어주면 행복할 거라고 생각했다. 아니 애초에 갇힌 나비의 타는 속을 모른 척 했다. 본래 날고 싶은 만큼이 제 공간이었을 나비에게 채집통은 한계가 되어버렸다. 나비는 날기에 허무했다. 날갯짓은 잦아졌다. 아이도 마음껏 자신을 탐색할 기회를 주어야 하지 않을까. 엄마생각에 해두면 좋은 것들은 과거의 경험일 뿐. 아이에게 시간을 돌려주고 공간을 돌려준다면 제 행복을 찾아가리라. 꼬마는 단번에 채집통을 열었다. 나비는 제 본능대로 푸른 날갯짓을 해보였다.

수필

우산

구름이 무겁더니 후드득 비가 내린다. 큰 아이에게 우산을 가져다 주어야겠다. 텔레비전에 빠진 작은 아이를 재촉해서 집을 나섰다. 작은 아이는 빗속에 나오려니 귀찮은지, 재미난 방송을 놓쳐서 뿔이 났는지 뾰로통 입을 내밀고 늦장 걸음이다. 그래도 엄마는 바삐 앞서 간다. 사실 큰아이도 우산을 반기지는 않는다. 작은 비 즈음은 맞는 게 편하지 우산을 들기가 귀찮은 아들이다. 그래도 아이 우산 챙기기를 열심히 한다. 갑자기 만나는 비를 그어주고 싶은 엄마의 마음을 보여주고 싶다. 보여줄 수 있을 때 보여주고 싶다. 이런 마음을 알 수 없는 여섯 살 아이의 우산이 자꾸만 삐딱해진다.

비가 오면 학교 앞은 북새통이다. 무채색 차들은 깜박깜박 거리며 길게 직렬한다. 아이들은 휴대전화를 꺼내 단축번호를 누르고 이내 총총히 제 차에 오른다. 군더더기 없는 이동이다. 와이퍼가 손인사를 대신해주고 차들은 흩어진다. 엄마도 아이도 비에 젖는 일은 별로 없다. 어릴 적 엄마들이 들고 온 우산들이 겹겹이 비를 그어 주던 소란이 그립다. 그 때는 비가 오면 엄마들은 우산을 펼쳐들고 장승처럼 열 지어 서 계셨다. 수업이 끝나고 아이들이 쏟아져 나오면 엄마와 아이가 서로를 부르는 선후창이 시끄러웠다. 아이들은 속속 제 우산 아래에 숨어서 내일이면 또 볼 친구에게 요란하게 손을 흔들었다. 그리고 층층이 우산들이 좁은 골목을 가득 채웠다. 키 낮은 우산들은 색색깔로 춤을 추었고 키 높은 우산들은 넓은 그늘을 만들었던 풍경이 비가 오면 그립다.

그 풍경 밖에 서 있었다. 부모님이 모두 일을 하셔서 우산을 부러 가져다 주실 수가 없었다. 그래서 도중에 만나는 비는 별수 없이 맞고 다녔다. 단 한 번 아버지가 우산을 가져다 주셨다. 투정부린 적 없는 맏딸이었고 비 즈음 아무렇지 않을 6학년이었다. 몇 반인지 몰라서 뻘밭 같던 운동장 한켠에 한 참을 서 계셨던 아버지. 비도 그쳐버렸다. 하필 비가 개여서 아버지 무안하셨겠지. 또 비 올지 모른다고 우산을 건네받았다. 하늘은 맑게 개여 있었고 아버지는 묵묵히 돌아가셨다. 이제 아이는 자랐고 아버지는 곁에 없다. 비가 오면 아버지의 장우산이 그립다. 비 개인 후에 전해주셨던 커다란 우산이 그립다. 녹슨 미끄럼틀 앞에 아버지 발자국이 지금도 남아있었으면 좋겠다. 아버지 가신 자리 빗물을 곱게 담고 있었던 발자국이 그립다.

우산을 챙겨 들고 나서면 아이도 되었다 엄마도 되었다 마음이 분주하다. 비만 오면 친구들이 부러웠던 어린 마음이 삐죽 고개를 내민다. 아이에게 우산을 씌어주며 달래나 보다. 그리고 부모가 되고서야 가난해서 뽐낼 겨를 없던 어머니 아버지의 찝찔한 사랑을 깨닫는다. 늦은 저녁 밥상은 밀어두고 젖은 교과서를 한 장 한 장 닦아주시던 어머니의 마음을 이제사 짐작한다. 비 개인 날 우산을 주기위해 오랫동안 서 계셨던 아버지의 마음을 이제사 짐작한다. 그래서 지금 사랑하는 이에게 우산을 씌어줄 수 있는 게 유난히 행복하다.

수필

망상해변에서

어느 어류가 저토록 아름다운 바다를 떠나왔을까. 저 차가운 옥빛 속이 그립다. 몇억 년의 시간이 흘러 어느 어류의 유전자가 내 안에서 발현된다. 너를 떠나온 것을 후회하노라고. 억 겁의 시간이 흘려도 너를 잊지 못한다고 내지르고 있다. 어류의 유전자가 박혀있지 않고서야 단번에 폐는 쓸모없게 할 저 물속이 그립단 말인가. 신성을 저버린 과학자들의 말이 맞나 보다. 원시의 고향을 떠나와 대를 거쳐 수많은 시간을 헤매다 출발점인 바다를 대면하고 있다. 떠나왔다는 것을 잊을 만큼 시간이 지나서도, 떠난 것을 후회하니 어류는 괜한 짓을 하였다. 몇억 년의 시간을 육지에 살고도 바다가 그립다니. 피부를 굳히고 아가미를 버린 노력이 헛수고가 아니겠는가. 허무다. 잊혀진 고향을 마주 대하고 허무 두 글자에 멈추었다.

긴 모래사장을 오랫동안 걸었다. 발자국이 점묘법을 그리듯 작아지고 또 작아지고 있다. 파도가 날름 훑고 간다. 쇠약해질리 없는 바다가 한참을 찍어 놓은 발자국을 찰나에 지워버린다. 바다에게는 한 걸음이, 이어온 걸음들이, 하나의 인생이 순간에 지나지 않는다고 태연히 알려준다. 수많은 걸음으로 이어온 한 사람의 인생이 태고의 자연 앞에서는 초침을 돌리기도 버거운 찰나일테다. 끝이 의미 없는 바다가 찰나의 인생이 피고 지는 일에 열을 내어 무엇 하겠냐고 했다. 설혹 너의 삶이라도, 설혹 네 어미의 삶이라도.

파도가 자꾸만 토해내는 모래알은 그 순간에만 구형의 멋을 뽐낼 뿐이다. 더 이상 부서지지 않을 단단함과 구체적인 도형의 몸을 갖춘 모래알이다. 그러나 작을 뿐이다. 그의 의미는 작다는 것에 멈춘다. 모래알로서 낱낱의 존재를 보여줄 시간은 짧고, 위로 또 그 위로 쌓이며 모래가 되면 삶은 끝난다. 결코 멈추지 않도록 약속받은 파도의 담금질 앞에서 모래알은 무엇일 수가 없다. 숱한 모래알이 다져지고 다져져 침묵한다. 사람도 작은 모래알 일뿐. 파도는 정해진 길은 이미 알고 있지 않았냐고 새삼스러워 말라고 했다.

일상에 매몰되어 하루하루를 가슴 뜨겁게 살아왔건만 헛되다. 끝없이 밀려오는 파도 앞에서 유한한 삶이 애처롭다. 누구보다 치열하게 살아가던 어머니가 세월에 꺾여 끝을 알려온다. 하루하루를 지워가게 될 형벌 앞에서 태산 같던 어머니가 허물어져 간다. 파도에 지워지듯 살아온 나날들을 지워간다. 수십 년의 인내와 고단함은 보상받을 틈도 없이 정해진 길로 더디게 가고 있다. 아직 이별하는 법을 배우지 못했다는 어설픈 이유를 대고 육지 끝으로 도망을 갔던 그 날, 수 억 년 전 뭍으로 향한 어류에게 바다를 떠나지 말지 그랬냐고 헛수고였다고 트집이었다. 정작 어머니에게 그렇게 힘들게 살지는 말지 이게 뭐냐고 묻지는 않았다. 천연스러운 바다가 물어 무엇하겠냐고 했다.

김용자

장롱 속에 묻어 둔 일기장에서 내 젊은 날을 발견했다.
그 낡들의 언어가 나를 사로잡는다.
결코 이대로 버려 두기엔 내 젊은 날이 너무 뜨거웠다.
다시 시작해 보련다

수필

경북 상주 출생, 문경여고 졸업, 숙명여자대학 국문과 졸업,
중 · 고등학교 국어교사 역임, 시계문학회 회원

수필

남도의 가을

모처럼의 가을 나들이다. 우리는 문경여고 1회 졸업생. 여덟명의 단짝 친구들과 2박 3일로 단풍구경을 간다. 60을 갓넘긴 나이인데도 마음은 아직 청춘이다. 무슨 해외여행이라도 가듯 며칠 전부터 집안 단속에 허둥거렸다. 오늘은 들뜨고 다소 설레는 마음으로 훌쩍 집을 나선다. 아침 8시에 모여 고창행 버스에 몸을 싣는다. 달리는 차창 밖으로 밝은 햇살이 퍼져 나가고 그 무성하던 나무들은 미쳐 다 떨구지 못한 분신들을 붙잡고 물러가는 가을을 아쉬워하고 있다. 얼마쯤 가다가 박장대소할 일이 생겼다. '랑郞'이라는 친구가 신발을 짝짝이로 신고 온 것이다. 한 짝은 검정색으로 좀 넉넉한데 다른 짝은 갈색으로 좀 작다. 어찌나 웃었던지 눈물이 다 나올 지경이다. 정말 오랜만에 실컷 웃어 보았다. 웃으면 건강에 좋다니 그나마 다행이다.

추수가 끝난 들판이라 조금은 황량하다. 황금빛으로 출렁이던 들녘은 풍성해서 좋고 빈 들판은 속이 시원해서 좋다. 밭두렁엔 무 잎이 청청하다. 묶어 놓은 배추 포기는 속이 꽉 찼다. 시름 많은 농촌 살림도 배추 속같이 꽉 찼으면 좋겠다. 산모롱이 돌아서면 나지막한 집들이 옹기종기 정답다. 유난히 장독대가 많은 집이 보인다. 아침저녁으로 깨끗한 물수건으로 장독대를 반들반들하게 닦아 놓으시던 어머니의 흰 앞치마자락이 펄럭인다. 장맛 좋기로 소문난 우리 집. 그 장독대엔 어머니의 한 많은 역사가 깊어가는 장맛과 함께 곪고 있겠지…….

첫 방문지는 고창의 선운사다. 동백 숲이 병풍처럼 울창하게 둘러쳐 있다. 여기에 붉은 동백꽃이 흐드러지게 피어오른다면 선경이 따로 없을 것이다. 그 얼마나 황홀할까! 개울물을 따라 단풍 길을 걷노라니 어디서 방울새 소리가 영롱하다. 발에 닿을 듯 스쳐가는 깨끗한 물소리는, 11월의 바람과 함께 때 묻은 내 마음을 말끔히 씻어 준다. 방금 떨어진 나뭇잎 하나가 작은 종이배처럼 물결 따라 빨갛게 수를 놓는다. 피라미 한 마리도 동무가 되어 빠르게 꼬리를 친다. 저마다 일상에서 벗어난 해방감에 도취하여 날아갈 기분이다. 이튿날 해수탕을 즐긴 것도 빼놓을 수 없는 여행의 재미다. 탄력 잃은 몸매도 아랑곳없이 모두들 시끌벅적 야단이다.

점심때는 '모양성터'를 찾아갔다. 그리 높지 않은 성 둘레에 노송들이 독야청청 푸르다. 갈대밭에는 유난히 맑은 가을 햇살이 눈부시다. 황순원의 '소나기'에 나오는 한 장면 그대로다. 스스로 취하여 열정을 쏟던 그 신나던 국어 수업 시간, 소녀의 죽음의 마지막 장면을 애통해 하면서 눈물을 떨구던 순수한 학생들의 얼굴이 지금도 눈에 아른거린다.

변산반도, 오늘 따라 배 한 척 없다. 굽이치는 파도가 채석강의 바위를 후려치고 솟구치며 흰 거품을 토해 낸다. 택시로 내변산의 절경을 드라이브하는데, 와! 일제히 함성을 지른다. 푸른 바다와 단풍진 산자락이 한데 어우러져 절묘한 장관을 연출함에랴! 미국의 그랜드캐년이나 케나다의 럭키산맥을 보노라면 왜 우리 것은 이렇게 작은가? 왜 우리 것은 장엄하고 웅장하지 못할까 하는 아쉬움이 있었다. 그러나 그것들은 너무나 장엄해서 보는 이를 압도한다. 기가 약한 사람은 그

기운에 짓눌려 맥을 못 춘다. 오늘 이 아름다운 산하를 보라! 그 누가 시드니 나폴리를 아름답다 했는가?

마지막 일정으로 내소사 백양사를 찾았다. 내소사는 아늑하다. 온 산이 치마폭을 휘두른 듯 빨갛고 노란 단풍의 향연이 절정이다. 이 단풍의 바다에 내 몸을 던지고 싶은 충동에 잠시 눈앞이 아찔하다. 대롱대롱 빨갛게 매달린 산감들이 어찌나 풍성하고 아름다운지 탄성이 절로 나온다. 백양사를 찾았을 때는 비마저 흩뿌려 스산한데도 여행객들의 얼굴엔 행복이 넘친다. 산허리를 감고 도는 운무가 잠시 벗겨지는가 하더니 홀연히 나타난 기암절벽의 웅혼함과 고색창연한 백양사의 모습이 천 년의 신비를 머금은 채 나그네의 눈길을 사로잡는다. 내소사를 곱게 단장한 신부에 비긴다면 백양사는 잘 생긴 백마 탄 기사의 모습이라고나 할까!

민박집에서 노란 배추쌈과 감칠맛 나는 젓갈에 배를 불리고 손자 자랑하면 벌금을 물린데도 끝없는 손자 자랑에 배꼽을 빼고 코고는 소리에 밤잠을 설쳤어도 우리는 마냥 행복한 여고 동창생! 이렇게 남도의 가을은 멋지게 깊어만 간다. 단풍의 바다에 흠씬 젖은 이번 가을 나들이, 우리는 참으로 행복했다. 익어가는 가을과 같이 우리의 우정도 나날이 두텁고 살뜰해 졌으면 좋겠다. 아! 이 아름다운 자연만큼이나 우리도 아름답고 순수하고 겸손해지고 싶다.

수필

연탄불의 추억

농촌에서 자란 나는 서울의 모든 것이 낯설었다. 서울에 첫발을 디딘 것은 대학교 입학하고서다. 당시 고등학교에 다니는 남동생을 데리고 자취를 하면서부터 연탄불과의 전쟁은 시작되었다. 농촌에서는 땔감으로 볏짚 보릿짚은 기본이고 장작, 삭정이, 콩 개비, 수숫단, 깻단 등이 다 동원된다. 정말 자연 그대로가 다 땔감이다. 어머니는 이것들을 큰 아궁이에 넉넉하게 넣고 성냥을 확 그어 대기만 하면 탁탁 소리를 내며 잘도 타들어 갔다. 곧 무쇠솥이 끓어오르고 잔불을 다독여 놓으면 뜸이 들고 밥이 되어 나온다. 그렇게 쉽게만 생각되던 밥이다.

서울은 모든 게 달랐다. 눈 뜨고 코 베어 간다는 서울이 아니던가. 하루는 이른 아침잠에서 깨기도 전에 주인아주머니가 한바탕 소동을 벌였다. 방마다 문을 두드리며 지하 연탄광으로 우리를 불러냈다. 요 며칠 사이에 연탄 몇 장이 없어졌다는 것이다. 백묵으로 표시를 하고 개수를 적어 놓고 단단히 으름장을 놓는다. 순식간에 죄인 취급을 당했지만 어느 누구도 대들지 못했다. 1960년대의 서울은 이랬다. 퇴근길에 새끼에 꿴 연탄 한 장과 종이 봉지에 쌀 한 됫박 들고 골목길을 힘겹게 오르는 가장家長들의 뒷모습을 심심찮게 볼 수 있었다. 주인아주머니의 성이 난 심사를 조금은 이해할 것 같다.

서울, 얼마나 동경했던 곳인가. 명동의 화려한 불빛. 대학로의 젊은 이들의 물결. 도서관에서 만난 수많은 책들 이런 것들은 시골내기였던 나를 매혹시키기에 충분했었다. 그러나 얼마 지나지 않아 시궁창 같은 청계천 바닥의 오물과 그 너덜너덜한 판자촌의 지붕들, 고지대 수도꼭지 앞에 양철통을 놓고 길게 늘어선 아낙네들의 행렬은 나를 실망케 했다. 또 삐걱삐걱 물장수들의 힘겨운 물지게 소리는 나를 우울하게 만들었다. 그러나 김동환의 시 '북청 물장수'에서는 이런 내용을 담아내고 있다.

새벽마다 고요히 꿈길을 밟고 와서
머리 맡에 찬 물을 쏴아 붓고는
……………………………
날마다 아침마다 기다려지는
북청北靑 물장수

시인은 그들의 부지런함과 강인성을 오히려 칭송하지 않았는가! 북에서 맨손으로 피난 와서 물지게를 지고 고생고생하면서 자식들을 대학에 보냈다고 한다. 그렇다. 모든 상황을 긍정적인 눈으로 보고 따뜻한 가슴으로 품어야 한다. 그 뒤 서울의 풍물들은 나를 끌어 당겼고 상아탑 속의 내 꿈은 영글어 갔다.

가을이 가고 겨울이 와도 나의 연탄불 실력은 조금도 나아지지 않았다. 엊저녁까지도 파란 불꽃이 잘도 타올랐는데 아침에 나가보니 싸느랗게 죽어 있었다. 그 까만 시체- 그 참담함을 무어라고 말할까?

동생의 아침밥과 도시락통을 어깨에 메고 집을 나선다. 한 정거장쯤 에서 자취를 하는 친구 집을 찾아간다. 아침 일찍 남의 집 대문을 두드려야 하는 미안함도 잠시. 연탄불 앞에 쪼그리고 앉아 밥이 다 될 때까지 기다린다. 밥물이 넘어서 연탄불을 망가뜨리면 안 된다고 조바심을 하면서 말이다. 바람은 차갑고 발은 시리다. 냄비 밥의 온기만이 나를 지탱해 준다. 청파동 언덕길은 가파르고 길기만 하다.

그 동생은 대학에서 경제학을 공부하고 고향으로 내려왔다. 고향의 특산물 '상주 연봉배'란 이름을 달고 미국 캐나다로 수출하는 길을 터놓았다. 농가 소득을 올리는데 크게 기여했다. [자랑스런 한국 농업인 100인]에 뽑혔다. 또 25년을 최장수 농협조합장으로 농촌을 위해 헌신하고 있다.

한국인은 할 수 있다 (Koreans can do). 최빈국 국가에서 세계사에 우뚝 서는 오늘의 대한민국을 이루어 냈다. 한강의 기적을 이루어 낸 경제 대국의 밑바탕엔 이 연탄의 공로를 아무도 부인할 수 없을 것이다. 물속을 헤엄치듯 잠시도 쉬지 않고 달려온 덕이다. 이제 연탄불-그 수난의 시대는 갔다. 겨울이 다가와도 연탄불 걱정을 안 하고 살게 되니 나는 지금 행복하다. '연탄불의 추억' 그래도 그때가 좋았다. 그것은 나를 살찌우고 단련시켰다.

수필

오디와 누에고치

오디 철이 돌아왔나 보다. 배달된 오디 상자를 뜯는 순간 자잘한 보라색 얼굴들이 낯익고 반갑다. 오디를 보고 있노라니 초등학교 상급반 시절이 떠오른다. 학교에서 돌아오는 길에 밭두렁에 책보를 집어던지고 뽕나무에 기어올랐다. 우리 밭에도 제법 우람한 뽕나무가 많았다. 재잘거리던 친구들은 오디 따 먹느라고 모두 조용하다. 잘 익은 오디 맛은 참으로 달콤했다. 배가 불뚝 일어나서야 나무에서 내려왔다. 친구들은 서로 얼굴을 쳐다보며 깔깔 웃어 댔다. 얼굴에 입가에 온통 보라색 그림이다. 아직 파랗고 덜 익은 작은 얼굴 제법 볼이 불그레한 숫처녀 얼굴 잘 익어서 누군가의 입을 즐겁게 해 주는 진보라 빛 얼굴. 다닥다닥 매달려 있는 모습이 참 예쁘고 귀엽다.

어느 날 어머니는 면사무소 직원이 주고 간 누에 판을 들고 무척 좋아하셨다. 따뜻한 아랫목에 깨끗한 보자기를 덮어 잘 간수하셨다. 우리들에게 들여다 보지 말라고 당부하시는 걸 보면, 아주 중요한 것임엔 틀림없는 것 같다. 며칠 지나고 난 후에는 까맣고 아주 작은 생명체가 곰실거렸다 . 그것을 부드러운 새 깃털로 살살 쓸어서 넓은 채반 위에 옮겨 놓았다. 나날이 조금씩 자라더니 어느새 꽤 굵어졌다. 이제 마지막 잠을 잘 때가 왔다.

누에는 넉 잠을 자고 나면 고치를 만든다. 그때는 어른 가운데 손가락 크기로 변하고 몸 전체가 말갛고 투명하다. 온 몸이 점액질로 가득 찬다. 명주실이 하나 가득 들어 있다. 아기누에 때는 뽕잎을 좁쌀처럼 가늘고 작게 썰어서 주었는데 넉 잠을 잘 때는 가지채로 던져 준다. 어찌나 식욕이 왕성한지 뽕잎 먹는 소리가 마치 비오는 소리와 같다. 쏴쏴하면서 순식간에 넓은 잎을 다 갉아 먹어 치운다.

드디어 넉 잠을 잘 태세다. 뽕도 먹지 않고 금식에 들어간다. 점액질로 아랫배를 고정시키고 고개를 빳빳하게 들고 허공을 응시한다. 무슨 군대 열병식이라도 하는 건가? 어른들은 더욱더 일손이 바빠진다. 똥을 가려주고 발을 2층 3층으로 높여 준다. 볏짚을 요리조리 돌리면 예쁜 섶이 된다. 투명한 몸체를 다칠세라 고이고이 다룬다. 그들은 그동안 잘 키워 준 주인댁에 은혜라도 갚을 양인 듯 열심히 입을 움직인다. 엷은 막을 얼기설기 얽어 가고 있다. 시간이 가면 누에는 보이지 않고 단단하고 갸름한 누에집이 완성되어 간다. 누에는 고치 속에서 참으로 성실하게 자기 사명을 다하고 그 속에서 조용히 자기 생을 마감한다. 그 순결한 백색의 영혼들이 자기 집에서 곤히 잠들고 있다.

어머니는 뒤꼍에 큰 냄비를 걸고 불을 지핀다. 끓는 물에 하얀 고치가 둥실둥실 떠오른다. 여러 가닥의 실이 한 곳으로 모여들고 물레에 명주실이 감긴다. 비로소 비단실이 탄생된다. 동네 개구쟁이들은 용케도 번데기 냄새를 맡고 하나 둘씩 모여 든다. 엷은 막 속에 발그레한 몸채가 드러나면 모두들 꼴깍 군침을 삼킨다. '뜨겁다 뜨거워', '네 인다 데이어.' 하시는 엄마의 목소리는 들리지 않고 먹잇감에만 눈독을 들인다. 성질 급한 나는 나무젓가락을 휘저으며 얼른 하나를 입에 넣는다. 뜨겁다 그러나 구수하고 맛있다. 너도 나도 날름날름 잘도 받아먹는다. 나중에 알고 보니 번데기는 단백질 덩어리라고 한다. 먹을거리가 귀하던 그 시절 어린이 영양 보충으로 이만한 것이 없는 것 같다. 이렇게 농촌의 어린애들은 자연과 더불어 먹고 자라고 살이 오른다.

누에가 넉 잠을 잔 후에 고치를 짓는다. 글쓰는 사람도 어려운 고비를 넘기고 탈피에 탈피를 거듭해야만 자기완성에 이른다고 한다. 오늘 오디를 보고 뽕나무를 생각하고 누에치던 우리 집을 떠올려 본다. 냄비 가득 부풀어 오르던 그 하얗고 뽀얀 고치와 함께 천국에 계신 어머니의 모습이 그리워진다.

황혜숙

생의 조명등인가요?
단풍 아래 환히 물들어 보네요
그리고
묻고 싶네요
물들 일 하나로 지나 온 시간,
안녕하냐고?

시

겨울, 한라에서
가을바람
오늘

수필

아직도 파랑새를?
빈방 있습니다

1994년 『수필과 비평』 신인상 등단, 시문회 회원, 금요시 동인 공저
저서 : 시집 「풍경」, 「길을 잃지 않은 바다」

겨울, 한라에서

가라!
차갑고 단단한 것
결빙이 아닌 것들은…

꽁꽁 가둬 둔 마음마저
내비치지 않는다면
겨울, 한라가 아니다
내가 설 자리가 아니다

속살을 지나
실핏줄, 뼈마디 마디
타고난 마음결마저
고스란히 내려놓지 않는다면

저 눈부신 순명 앞에
지나온 그 어떤 삶의 무늬
끝내
형체조차 지니지 못하리니

가을바람

억새 사이로 바람은 흐르고
그 날, 흔들리던 것
억새만이 아니었으리
기우는 햇살 아래 손사래 치며
흔들리던 것
진정 억새만은 아니었으리

골을 따라 흘러가는 시냇물처럼
유유히 흘렀어야 할 시간들
겹겹이 둘러서 단풍 드는 나무들처럼
저 홀로 곱게 물들었어야 할 기억들

올라갈수록 높아지는 하늘도
저 아래 넉넉히 펼쳐진 산하도
끝내 어쩌지 못하는…

바람 부는 방향으로
흔들리면서도 꺾이지 않는

흔들리면 흔들릴수록
발을 깊이 묻는 억새와 함께
내내 흔들리던 것

바람은 행여
알고 갔는지

오늘

사라 브라이트만의 "울게 하소서"를 듣는
비 개인 아침
울고 싶은 건 어쩜 나인지도 몰라
가지 끝을 물들이며 오는 가을을 따라
내 마음 이미 깊이 물들었기에

가을산 능선, 선명하게 다가오며
우리들 삶의 경계를
확실히 보여 준다 해도
제자리에 선 채, 한세월을 견디는
나무들의 꼿꼿함이
삶의 자세를 말한다 해도

저 숲의 나무들처럼
봄이면 새잎 내고
가을이면 물들 줄 알고
겨울이면 제 가진 것

훌훌 돌려보낼 줄 아는

순응의 삶이 보편적이라 할지라도
내 것이었다 할지라도

불시에 찾아드는
우리들 삶의 복병처럼
피할 수 없는 사랑,
찾아 온다면
오늘처럼
종일을 울고 싶을지 몰라
한세월
소리 없이 울어야 할지도 몰라

수필

아직도 파랑새를?

사모님! 제비 한 마리 키워 보시렵니까?

한때 유행처럼 번지던 이 말을 흘려들으며 '애 셋도 어려운데 제비까지? 고개를 젓던 나였다. 그러나 그 때에도 가슴속 파랑새 한 마리는 남겨 두었었지…. 새장에 갇혀 지내는 새는 푸른 하늘이라도 보지만, 가슴속 파랑새는 그저 마음 안에서 파닥일 뿐이었다. 그러나 날갯짓도 자주 하면 날게 되는 순간이 오는 것임을 그 때는 왜 몰랐을까?

퍼덕이는 것이 삶의 이유인양 끊임없이 날갯짓을 거듭하던 그 날들이 내일을 예비하는 그 몸짓이었던 것을….

일탈을 꿈꾸는 자! 드디어 떠날 시간이 가까이 왔다. 예비된 그 시간을 향해 가기 위해서는 익숙한 모든 것들과 잠시나마 작별을 해둬야 하리. 필경 마지막을 맞은 사람처럼 동안 멀리 밀쳐 두었던 일상들을 갑자기 하나 하나 정리하는 일은 그냥 간단한 일이 아니었다. 동안에 등한시 해왔던 것에 대한 보상까지, 깔끔한 마무리를 하고 싶은 마음은 이만저만한 잔손질로 시작해 급기야는 집안의 모든 것을 재정비하기에 이르렀다. 먼 길을 떠나기 위해서는 짐이 가벼워야 한다고 생각하면서 가벼워지기 위해서는 무던히 익숙한 많은 것들을 버리는 작업이 시작되었다. 분리수거 되는 재활용품과 분리되지 못하는 마음까지도 채곡 채곡 종량제 쓰레기봉투에 담아 집 밖으로 마음 밖으로 밀어내었다.

버림과 비움이 반복되는 사이 마음 한구석에 작은 둥우리가 움트는 것이 느껴졌다. 집안 가득 들어 차 있던 불필요한 것들이 사라진 자리 마음 가득 차 있던 필요 이상의 욕심들이 비워진 자리에 맑은 바람이 밝은 햇살이, 따뜻한 마음들이 슬금 슬금 들어차는 것이었다. 주어진 삶에 순응하지 못해 혼자 입었던 상처들이, 함께함으로 치열했던 삶의 흔적들이 제각각 아우성치며 들끓어 더는 어찌 할 수 없을 때 최선처럼 생각되어지는 파랑새를 찾아 떠나고 싶은 그 때! 떠나기 위해 먼저 버리는 일을 하면서 비우는 그 일이, 돌아 와야 할 둥우리를 만드는 일임을 깨닫게 되었다. 한 편으로는 생의 마지막 날, 먼 길 떠날 모습을 그려 보게 되었다. 아무 미련도 없이 모두에게 감사의 인사를 전하며 갈 수 있다면 얼마나 좋을까? 지나가 버린 어제도 아니고, 아직 오지 않은 내일도 아닌 선물처럼 주어진 오늘 하루에 최선을 다한 자가 할 수 있는 작별 인사일 것 같다.

생의 마지막 날까지, 삶의 구석진 자리까지 훨훨 날아가 힘이 되어 주는 파랑새와 함께 멀리 더 높이 날아 볼 수 있는 시간, 나는 나를 보는 시선보다 세상을 보는 시선을 키우고 싶다. 내 안에 세상을 담으려 하기보다 넓은 세상 속에 나를 푹 담그고 싶다. 내 앞에 펼쳐진 시월! 그 눈부신 푸른 하늘을 향해 더 넓은 세상의 아름다움 속으로 나, 힘차게 날개를 퍼덕여도 되는지?

살아 있음으로 생생해지는 오지 않은 날들을 향하여!

사랑으로 남을 많은 날들을 향하여!

수필

빈 방 있습니다

“황혜숙 0월 0일 00시-00시 3번방 예약 합니다” 매주 목요일 아침, 곱게 단장을 하고 예약된 방을 향해 가는 내 발걸음은 설레임 반, 두려움 반이다.

일주일 전 사전 예약은 필수, 공휴일과 일요일은 휴무인 방! 잘 보이고 싶다는 마음이 실수로 연결될까봐 떨리는 마음으로 두꺼운 방문을 열고 들어서면, 완벽한 방음 시설! 가볍게 숨을 고르고 작업에 들어갈 준비를 한다.

“오늘 이 작업이 누구에겐가 작은 위안이 되게 하소서” 잠시 손을 모으고 목소리를 가다듬고 스스로 “큐”를 외친다. 보이지 않는 세상을 위한 외침을 시작하는 것이다. 점자책을 통하여 책을 접하는 시각 장애인들에게 인터넷과 녹음 CD로도 손쉽게 접할 수 있도록 녹음 CD를 만드는 날!

장르에 대한 구분 없이 좋은 책으로 선정된 일련의 책들을 세 시간에서 여섯 시간 이상 일정한 속도와 정확한 발음으로 낭독 녹음하여 CD를 만드는 일은, 집중력과 긴장감이 요구되지만 시간 내내 뿌듯함이 뒤따르곤 한다.

날마다 눈 뜨면 보이는 것들, 눈 뜨고도 제대로 보지 못하는 것들을 눈 멀고도 열린 마음으로 선명히 볼 수 있는 그 사람들을 향해 바르고 정확하게 책을 읽어 주는 일! 하지만 발음이 꼬이기도 하고 침을 꼴깍 삼키기도 하고, 책장 넘기는 소리를 내며 나의 부족함을 고스란히 들키곤 한다. 나를 통해 읽혀지는 책의 내용이, 책을 통한 세상이 제대로 보여 지기를 바라며 최선을 다해보지만 쉽게 드러나는 나의 부족함조차 나누어지는 이 작업을 통해 더불어 살아가는 의미를 곰곰이 새겨 보게 된다.

어느 해 삼월, 함박눈이 펑펑 오던 날 시각 장애우들과 함께 강원도 화천 감성 마을 이 외수 문학관을 간 적이 있다. 복지관에서 잡은 봉사자들과 장애우들의 문학 기행날이었지 싶다. 출발할 때부터 꾸무럭하던 날씨가 급기야 감성 마을에 다가 갈수록 함박눈으로 변해 마을에 도착 했을 때는 이미 눈이 쌓여 문학관까지 버스 진입이 안된다고 했다. 할 수 없이 모두 차에서 내려 1KM 정도의 산길을 걸어야 했다 겨우내 녹지 않은 빙판길 위에 폭설 까지 덮여 발이 푹푹 빠지는 그 길을 보며 미끄러질 까봐 서로 엄두를 내지 못하고 있을 때, 먼저 발을 내딛는 이들이 있었다.

한 손을 흰 지팡이에 의지한 시각 장애우들! "보이는 것이 없어서 겁이 없다"는 말이 실감 나는 순간이었다. 눈 덮인 빙판길에서 안전한 길을 찾는 나는 차라리 "눈 뜬 봉사" 같았다. 걸어가면 길이 되는 것을 스스로 길이 되면 되는 것을…. 그 날, 봉사자로서 장애우의 눈이 되고자 했던 눈 덮인 산길에서 나는 세상을 보는 또 하나의 귀중한 눈을 뜨게 되었다.

고요한 수면위에 돌을 던지면 작은 파문이 넓게 퍼져 가듯 보이는 세상과 보이지 않는 세상을 향해 나는 오래 오래 조약돌을 던지고 싶다. 그 작은 떨림의 생생함이 어둠을 지나 빛된 세상으로 나아가는 길임을 보고 싶은 것이다. 내가 눈으로 보이는 것을 전하는 일이 그들이 마음으로 보는 것과 다를 것이 없는. 오히려 마음으로 더욱 깊이 있게, 정확히 보는 그들이 전해주는 삶의 소중함을 함께 나눌 수 있는 그 빈방! 그 방을 나는 앞으로도 계속 예약할 수밖에 없을 것이다.

정제된 언어의 아름다운 정서를 위하여

지연희 | 시인, 수필가

정제된 언어의 아름다운 정서를 위하여

지역문학의 뿌리는 지역문학동인의 원활한 활동으로부터 시작된다. 이는 중앙의 문학단체를 살찌우는 일이며 대한민국 문학발전의 단초端初가 되는 일이라는 생각을 한다. 더구나 수만 명 회원의 권익을 관장하고 있는 한국문인협회에서 일일이 회원의 작품향상의 진작을 꾀하는 일과 친목을 위한 일에 귀 기울이는 일은 쉽지 않아졌다. 시계문학회는 용인지역에 근거를 둔 문학동인으로 어느새 6년의 나이를 셈하게 된 튼실한 문학나무로 뿌리를 내리게 되었다. 여섯 권의 동인지를 출간하게 되었다는 것은 만 6년의 시간을 함께한 회원들의 발자취를 돌아보게 하는 일이다. 꾸준한 걸음으로 한 순간, 한 순간 잡히지 않는 완성의 시 한 편, 수필 한 편의 창작을 위해 심혈을 기울여 준 회원들의 결실이어서 소중하다. 시계문학 동인지 제6집 「순간瞬間」에 숨 쉬는 결실의 크기를 들여다본다.

쓰르람 쓰르람 쓰르람

아직 어둑어둑한 이른 새벽

쓰르라미 두 마리 산길을 간다

혼줄 놓아버린 어미
자식 등에서 소풍 간다
쓰르람 쓰르람 쓰르람
노래인가 울음인가

– 탁현미의 시 「울음과 노래 사이」 중에서

기다리던 어머니
내미는 작은 소반 위
하얀 풀밥 한 그릇
"어여 먹고 가거라"
이불 홑청 풀 먹일
하얀 풀밥
눈물 섞인 온기

– 전민숙의 시 「하얀 풀밥」 중에서

마음 밑에서 울먹울먹 우울은 자라고
불꽃은 사라진 후 긴 터널을 만들고
상처의 싹은 부들처럼 커가고
세월을 견뎌 낼 힘은 부처 되어
텅 빈 자리는 운명처럼 불두화 되었다

흔적 없이 사라지지 않는

그림자 뒤에서 흘러 보내지 못하고 있다

— 임정남의 시 「그림자 뒤에 숨어서」 중에서

탁현미 시인의 시 「울음과 노래 사이」는 매미과에 속하는 곤충 쓰르라미의 울음을 청각적 이미지로 배치하여 슬픔을 은유해 내고 있다. 늙은 어미를 등에 업고 산에 올라 고려장을 해야 하는 자식의 아픔을 '쓰르람 쓰르람 쓰르람' 산을 오르는 쓰르라미 두 마리가 들려주고 있다. '쓰르람 쓰르람 쓰르람/아직 어둑어둑한 이른 새벽/쓰르라미 두 마리 산길을 간다/혼줄 놓아버린 어미/자식 등에서 소풍 간다/쓰르람 쓰르람 쓰르람' 고령화되어가는 현실 속에서 치매나 치유하기 힘든 성인병으로 앓는 부모에 대한 자식의 다하지 못하는 불효의 아픔을 극명하게 제시하고 있다. 다만 '노래인가 울음인가'반문하고 있는 이 아이러니한 현상을 '자식 등에 업혀 소풍가는 어미'의 심정으로 환유하고 있어 가슴 아린 아픔을 전하고 있다.

전민숙 시인의 시는 시인의 첫 시집 「그래도 삶은 아름답다」에서 보여주었듯이 가톨릭 신앙을 배면에 깔고 긍정적 삶의 철학을 신조로 유도해 내는 시인이라고 본다. 다소의 고단과 고독 외로움의 인생길이라지만 아름답지 않느냐하는 여유로움이다. 시 「하얀 풀밥」은 초등학교 시절 어머니의 따뜻한 풀밥 한 그릇의 고마움을 말하고 있다. 점심시간 정신없이 뛰어노는 딸의 허기를 채워주기 위해 따뜻하게 지어주신 하얀 풀밥 한 그릇의 사랑이 손끝에 묻어난다. '단풍 붉게 물들었던 가을/초등학교 운동장 점심시간/"언니"/부르는 소리/단숨에 내달렸다/기다리던 어머니/내미는 작은 소반 위/하얀 풀밥 한 그릇/"어여 먹고 가거라"/이불 홑청 풀 먹일/하얀 풀밥/눈물 섞인 온기' 이불홑청 풀 먹일 만큼의 멀건 죽 한 그릇(하얀 풀밥 한그릇)의 가치는 어머니의 눈물 섞인 사랑이며 가난의 절대적 상징어이다. 이 시는 그 풀밥 한 그릇이라도 자식에게 먹여야 한다는 어머니의 가없는 사랑을 전하고 있다.

임정남의 시 「그림자 뒤에 숨어서」는 상사화의 비련의 사랑을 그려내고 있다. '한 번 만나지 못하고/그리워하다 시들어 버린 꽃/상사화' 단 한 번도 만나지 못하는 그리움으로 앓다가 끝내 시들어 버리고 마는 사랑이다. 꽃이 필 때는 잎이 없고, 잎이 달려 있을 때에는 꽃이 없어 꽃과 잎이 서로 그리워한다는 상사화의 전설처럼 이 시의 인물은 '표현이 부족한/들뜬 마음 가다듬고/뭉개진 자리 거기 널려두고' 있다는 것이다. 가슴 속에 품기만 하는 그리움의 사랑이다. 잎이 져야만 꽃을 피울 수 있는 이루지 못하는 사랑의 비극적 운명이 이 시의 메시지이다. '마음 밑에서 울먹울먹 우울은 자라고/불꽃은 사라진 후 긴 터널을 만들고/상처의 싹은 부들처럼 커가고'있다는 상사화의 사랑은 그림자 뒤에 숨어서 오직 사랑하는 이를 그리워할 뿐이다.

어머니의 품에서만 느낄 수 있는 정겨운 냄새가 있었다. 그것은 바다 냄새 같은 것이었다. 짭조름하고 달콤한 사랑을 느껴 한 없이 그 속으로 빨려들던 향수鄕愁 같은 것이었다. 어머니의 사랑이 아니면 태어날 수 있었을까. 바다가 아니면 이 세상에 살아 갈 수 있을까. 소금이 없이는 살아갈 수 없다. 사랑에 간을 맞추어 기른 것이 오늘의 나이기 때문이다. 그것은 어머니만이 맞출 수 있는 특유의 간이다.

아침 바닷가에 서면 환희에 차오른다. 가난해도 풍요를 느끼던 고향의 품처럼 따뜻한 바다. 자식들 무탈하게 해달라고 조상님께 지극 정성으로 빌던 어머니. 어떠한 어려움도 극복하리라고 용기를 주고 자신감을 심어주던 말씀처럼 바닷가의 먼동이 튼다. 오늘 하루 인생길을 열어준다. 안개를 헤치고 물결을 가르며 힘차게 출항하는 첫배의 기상처럼.

– 이순애의 수필 「바닷가에서」 중에서

정월 대보름날이 내일로 다가오면 엄마는 오곡밥 준비로 초저녁부터 바빴다. 수수쌀과 차조도 준비하고 팥이랑 콩도 미리 삶아두었다. 봄부터 뜯어서 말려 보관해 둔 고사리와 갖가지 산나물 뭉치를 꺼내와 삶았다. 언제 잠이 들었는지 마구 흔들어 깨워 일어나 보면, 상 위에는 오곡찰밥이 한 양푼 담아져 있고 초저녁에 준비하던 나물들이 가지런히 놓여 있었다. 쌀강정과 밤 땅콩, 사과 배, 술과 물도 놓여져 있었다. 아버지는 절을 한 뒤 부름 깨물자 라고 말 하면서 밤을 큰 소리 나게 깨물어 먹으라고 했다. 그러면 피부병 없이 건강하다는 것이었다. 귀밝이술이라고 하면서 물을 마시라고 하였다.

오곡밥을 먹고 큰집(큰아버지댁)부터 한 그릇씩 차례로 갖다 드렸다. 그건 항상 내 담당 이었다. 한 집씩 다녀올 때마다 남은 집을 세면서 싫은 마음을 달랬다. 칭찬이라도 들으면 발걸음이 저절로 빨라지고 시렸던 손가락도 부드럽게 녹는 것 같았다. 새벽 달빛은 찬바람에 시린 빛으로 골목길을 비추고 나누는 따뜻함은 말없이 가슴속에 서 함께 자라고 있었다.

– 엄영란의 수필 「정월 대보름」 중에서

이순애의 수필 「바닷가에서」는 바다와 어머니를 존재론적 의미 뿐 아니라 후각적 냄새까지 동일시하고 있다. '이른 아침 고요한 바닷가를 거닌다. 심호흡을 하면서 향수鄕愁를 느끼는 것은 신비스러운 일이다. 바다냄새는 양수羊水 내음다. 열 달 동안 어머니의 뱃속에서 맡았던 양수 내음이 아닌가 싶다. 생명 창조의 공간이며 그 생명을 기르는 원천수'라고 한다. 생명의 씨앗을 성숙시켜내는 원천수가 바닷물이며 어머니의 양수라는 것이다. 때문에 화자는 자신의 고향은 바다인지 모른다고 한다. '그렇다면 나의 고향은 바다가 아니던가. 살갗을 스치고 지나가는 감미로운 안개가 가득한 바다였으리라'는 것이다. 무한한 생명의 힘을 내장한 어머니의 사랑과 인내를 바다의 속성과 합치시켜 감미롭게 들려준 수필이다.

엄영란의 수필 「정월 대보름」은 민족의 전통 명절 중 하나인

정월 대보름 세시풍속의 정겨움을 회억하고 있다. '정월대보름은 일 년 중 먹거리와 놀이들이 가장 풍부했던 시기로 따뜻한 추억들이 달빛에 묻어난다'고 한다. 무엇보다 저녁 대보름 달맞이가 끝나면 오빠들의 쥐불놀이가 부러워 졸라대지만 쥐불놀이는 오빠들에게만 허용된 놀이였다는 것이다. 상 위에는 오곡찰밥이 한 양푼 담아져 있고 온갖 나물들이 놓여 있었으며 쌀강정과 밤 땅콩, 사과 배, 술과 물도 놓여져 있었다고 한다. 아버지는 절을 한 뒤 '부름 깨물자'라고 말하면서 밤을 큰 소리 나게 깨물어 먹으라고 했다는 것이다' 대보름 명절의 풍습을 다양한 시선으로 그려내고 있는 이 수필은 잊혀져가는 전통명절에 대한 회억만으로 끝나는 것이 아니라 옛것에 대한 소중한 전승의 의미를 다루고 있다는 생각이다. 이는 수필문학의 존재의미를 뜻하는 것이기도 하다.

그대를 위해 나는

산이고

들이고

강이고 싶었다

오늘도 나는

촉촉한 물방울

고요한 바람이다

– 김좌영의 시 「늦게 피는 꽃」 중에서

노파를 지나 무심코 오르는 발걸음들
그들도 언젠가 두 계단을 겨우 오르고
주저앉아 올라온 계단을 토해내
지팡이로 뒤척일 것이다

노파가 이마에 새겨진 생의 계단을
손바닥으로 쓸어 올리며
서쪽하늘 한켠을
바라보고 있다

— 이규선의 시 「계단」 중에서

한여름의 더위는
용광로보다 더 뜨거운 열기를 뿜고 있다

저녁, 스멀스멀 기어오는
숨막히는 열기 끌어안고
여름은 내 것이라 절규하는 매미의 외침

아우성 속의 적막
간간히 찾아오는—

— 김옥남의 시 「해그름」 중에서

문학인은 가슴 속 울렁이는 무엇을 말하려 할 때 펜을 잡는다. 글의 대상이 나무가 꽃을 피우는 일과 같다는 시문학이 되거나, 나무의 뿌리와 같다는 심도 깊은 사유의 수필문학이 되거나 바닷가에 나아가 막힌 숨을 뚫어내듯 글줄의 끈을 잡고 표현의 세계를 열어낸다. 김좌영의 시 「늦게 피는 꽃」은 그대를 위해 ~이 되고 싶은 욕망의 '나'를 세운다. 그대를 위한 해가 되고, 달이 되고, 별이 되고 싶었다는 나는 하늘 높은 이상의 가치로 존재하고 싶었다. 또한 그대를 위한 나는 산처럼 높은, 들처럼 넓은, 강처럼 깊은 존재의 나이고 싶어 했다. 이처럼 하늘과 땅을 아우르는 크기의 내가 되고 싶었던 나는 지금도 그대를 위한 촉촉한 물방울 고요한 바람이고 싶은 의지를 보인다. 아직도 나는 그대를 위한 ~이 되고 싶어 한다. 간절한 헌신이며 순애보이다. 시인의 순연한 감성이 맑게 흐르는 아름다운 서정시이다.

이규선의 시 「계단」은 생의 뒤안길에 서서 숨을 고르는 노파를 응시하는 화자의 시선이다. 이 깊은 응시는 황혼의 인생길 가파른 계단에 가랑잎 같은 생명을 붙들고 무거운 여정을 내려놓는 인물을 향한 측은지심이다. '노을져가는 아파트 현관 모서리' 라고 제시한 공간과 시간으로 이 시의 핵심적 메시지는 시작되지만 두 번째 세 번째 연으로 전개된 서쪽을 허물어져 가는 노파의 몸짓은 비단 그 노파에 국한 된 일은 아니라는 암시를 한다. '노파를 지나 무심코 계단을 오르는 발걸음들'에 던지는 생존의 질서를 자성하게 한다. '지난 모든 생을 걸어/두 계단을 올라온 노파가/세 번째 계단에 무거운 여정을/내려놓고 숨을 고른다.//노파를 지나 무심코 오르는 발걸음들/그들도 언젠가 두 계단을 겨우 오르고/주저앉아 올라온 계단을 토해내/지팡이로 뒤척일 것이다' 생의 계단을 손바닥으로 쓸어 올리며 서쪽 하늘을 바라보는 노파의 시선이 뭉클하게 가슴을 찌른다.

김옥남의 시 「해그름」은 용광로보다 더 뜨거운 열기를 뿜고 있는 여름 한낮에서 저녁으로 넘어가는 풍경이다. 그 저녁의 풍경 속 어디론가 떠나고 싶은 화자의 심경에 이 시는 생명력을 지닌다. 그 저녁을 상징하는 시의 제목인 '해그름'은 경상도 사투리로 '해거름'의 방언이다. 해가 서쪽으로 넘어갈 무렵이라는 때를 지칭하고 있다. 절규하는 매미의 외침도 들리고 '아우성 속의 적막/간간히 찾아오는' 해거름의 이 순간 '모두가 둥지를 찾아들 때' 화자가 가고 싶다는 '노을 깊은 겨울바다'는 어떤 빛깔의 그리움일까 생각하게 한다. 붉은 노을빛 서해바다의 아름다움에 대한 동경일 수 있겠으나 그 저변에는 외로움 묻은 고독을 치유하기 위한 방편이지 싶다. 때문에 이 시에 주목해야 할 부분은 '노을이 깊은 서해바다로 떠나고 싶은 화자의 심경'이다. 누구나 이 같은 순간의 감성과 마주하였을 공감의 폭을 넓히는 시다.

깊은 골짜기 외진 계곡
던져 넣어도 기어 나와
묵묵히 춤추며 따라와
딴청하며 이어온 인연
질긴
나와 너의 간격은 허물지 않고
항상 한축이 되어 지탱해 준 너

– 박진호의 시 「그림자」 중에서

달리는 자동차 바퀴에서
물꽃이 핀다
푸르른 숲 하늘문이 열리고
쏟아지는 빗줄기로 뿌연 먼지 씻어준다
가물어 메마른 땅
스며든 빗물에 흙의 향기 숲속에 번져
물안개 피어오르며
파란 하늘에 수를 놓는다

– 김복순의 시 「빗속에 고속도로」 전문

햇살 깊숙하게 꽂히던 숲속
나무와 나무사이 풀어진 안개

앞을 가로 막는다

들어서지 못하고 서성대는 두 발

한번도 닫힌 적 없는 문이었는데

머리위에서 흔들리는 깊어진 초록빛

나무의 간격은 곧게 길을 만들고

너와 나의 간격은 그저 멀기만 하다

– 이광순의 시 「숲속으로 가는 길」 중에서

박진호의 시 「그림자」는 나와 나를 지탱하여 인연이 되고 있는 내 그림자에 대한 관상觀想이다. 물론 이 시는 그림자의 존재에 대한 진리를 규명하고 나와 그림자의 인연의 축을 돈독히 하는 소통을 보여준다. 그러나 이 그림자라는 존재는 나를 연결하여 나와 함께하는 인연의 인물로 존재하게 된다. 더구나 '홀로 길 찾는 힘찬 걸음/의지 할 인연이 있어/어둔 밤 달빛 따라 간다'는 믿음직한 동반자적 인식으로부터 시작된 이 인연의 고리는 만만한 대상이 아니다. '홀대 속/깊은 골짜기 외진 계곡/던져 넣어도 기어나와/묵묵히 춤추며 따라와/딴청하며 이어온 인연'으로 절대한의 신뢰로 구축되고 있다. '질긴/나와 너의 간격은 허물지 않고/항상 힌축이 되어 지탱해 준' 대상이다. 어쩌면 내 본체의 그림자처럼 존재하는 대상의 실존을 말하고 있거나 실존하여 존재하기를 기대하는 희망의 메시지 일 수 있으나 나와 너를 잇는 고리는 매우 튼실하다.

김복순의 시 「빗속에 고속도로」는 8행의 짧은 언어로 빗물이 세상에 전하는 아름다움을 상상적 이미지를 통하여 그려놓은 그림이다. '달리는 자동차 바퀴에서/물꽃이 핀다'는 이 발상은 '고무바퀴에서 꽃이 핀다'는 무생물의 몸체에서 생명을 얻는 경이로움이다. 무생물의 존재가 생물이 되고, 생물의 존재가 무생물로 전이될 수 있는 동일시 정신은 세상을 아름다운 세계로 열어내는 물아일체物我一體의 시정신이다. '푸르른 숲 하늘 문이 열리고/쏟아지는 빗줄기로 뿌연 먼지 씻어준다'는 세상에 묻은 때를 씻어내는 빗물의 배려를 느낄 수 있다. 나아가 '가물어 메마른 땅/스며든 빗물에 흙의 향기 숲속에 번져/물안개 피어오르며/파란 하늘에 수를 놓는다'는 목마른 땅이 파아란 생명으로 살아나는 부활의 은총을 기독교 신앙으로 구축해 내고 있다.

이광순의 시 「숲속으로 가는 길」은 숲속 인연과의 이별의 아픔이 보인다. 물론 이 숲은 세상에 놓여 진 인간세계의 숲이지 싶다. 반면 영원한 이별의 공간이기도 하다. '햇살 깊숙하게 꽂히던 숲속'이라 말하는 이미지의 원형 또한 기쁨과 행복으로 충만했던 기억 속 순간이지만, 나무와 나무사이(사람과 사람사이)안개가 앞을 가로막는다는 막막한 앞이 보이지 않는 상태의 상황을 맞이하게 된다. 한 번도 닫힌 적 없는 문이었는데, 너와나의 간격은 그저 멀기만 하다는 단절의 의미는 이별을 예감하는 전주곡과 같다. '몸 흔들어 너에게 다가서려 하지만/꼿꼿한 너의 몸짓/멀어진 나뭇가지 끝에서 낡은 기억들/소리 내어 운다/새로운 사랑을 하기엔 이미 저문 시간/놓지 못한 인연하나/숲속 길 따라 저만치 떠나고 있다'는 다가서려 하지만 꼿꼿한 너의 몸짓의 이 이별의 아픔은 生과 死를 가르는 아픔이지 싶다. 하여 소리 내어 울며 누구도 대신할 수 없는 사랑의 인연을 안타깝게 보내고 있다. 귀가 잘 맞는 톱니바퀴처럼 행간의 전개가 유연하고 치밀한 언어구조를 보여주는 시다.

요즘 흔히들 '잡초와의 전쟁이다'란 말을 자주 한다. 그도 그럴 것이 잡초는 뽑아내면 다시 자라나기 때문이다. 그러나 나는 '잡초와의 전쟁'이란 말에 동의하고 싶지 않다. 전쟁을 하려면 적이 있어야 하는데 잡초를 적으로 여기기는 너무나 큰 인연이 있기 때문이다. 우리가 가꾸어 먹는 작물은 전체가 다 자연에 비하여 너무나 작은 존재들이다. 또 모든 작물은 어디서 왔을까? 작물의 원조는 잡초이다. 잡초가 있기에 작물이 있다. 쇠비름처럼 잡초로 천대받다가 어느 날 귀한 몸이 된 것과 같이 잡초가 작물이 된 것이다. 학교에서는 차유 피유라 하여 이것이 있으면 저 것이 있다고 한다. 반대로 이것이 없으면 저것도 없다는 논리가 성립 된다. 인간은 이 원리를 무시하고 살아왔던 것 같다. 이제 와서 허겁지겁 자연보호란 명분아래 자신을 돌아보는 기회가 돌아온 것 같다.

손기율의 수필「집초」 중에서

예술은 우리들의 삶을 문학으로 승화 시켜 살아가는 지침이 되게 하고 그림과 조각으로 오래도록 눈에 선한 감동으로 떠오르게도 한다. 또 환희와 슬픔 고통을 음악으로 표출하여, 끊임없이 우리들을 오월의 훈풍처럼 감미롭게도 하고 슬픔으로 얼어붙은 마음을 따뜻하게 녹여주기도 한다. 이외에도 여러 가지 장르의 예술은 삭막하고 일회적인 우리들에게 없어서는 안 될 활력소며 깊은 위로임을 여행하는 동안 끊임없이 느끼며 돌아온 기억이 난다. 해를 거듭할수록 사라지는 모든 것에 연민이 더해간다. 아름다운 계절도 예쁜 꽃들도 아등바등 살아가는 우리들도, 이 세상에 생명이 있는 모든 것은 언젠가 자기의 사명을 다하는 날 덧없이 소멸될 것이다. 그러나 한편으로 생각하면 유한하기에 더욱 아름답고 치열하게 살아갈 가치가 있지 않을까? 이율배반적인 논리이지만 달리 위로 할 방법이 없는 것은 이 부분만은 철저한 신神의 영역이기 때문이다. 올해도 오월을 보내며 많은 사색과 아쉬움으로 마무리 하지만, 한가지 분명한 것은 늘 살아 있음에 감사하며 더욱더 열심히 하루하루 촛불을 타오르게 할 것을 다짐해본다

– 이흥수의 수필「오월을 보내며」 중에서

손거울의 수필 「잡초」는 어느 날 아내가 뿌리째 뽑아낸 고들빼기 잡초가 생명의 힘을 돋아 살아있다는 경이로움을 발견하며 시작된다. 이 수필의 핵심은 '모든 작물은 잡초로부터 시작하였다'는 학설로 잡초의 소중함을 응시하게 한다. 더구나 요즈음 그렇게 홀대하며 뽑아내던 쇠비름이 약용으로 쓰인다는 바람에 잡초인 쇠비름의 가치가 하늘을 치솟고 있다는 아이러니를 말하고 있다. '아직 생명이 살아 있다는 것에 잔잔한 감동이 나를 잡초라는 이름의 천덕꾸러기 고들빼기를 밭 가장자리에 물기가 가득한 땅을 파고 생명이 계속 이어지기를 빌며 심어 주었다. 밭에는 이 틀사이 우뚝 자란 채소들이 생기가 가득하다. 채소뿐만 아니고 채소 사이에 자란 잡초는 채소 보다 훨씬 크게 자랐다. 어떤 것은 웃자라 힘이 세어져 채소를 밀쳐내고 있다.' 는 채소와 잡초의 공존에 대한 긍정적 시선이다.

이홍수의 수필 「오월을 보내며」는 오월이라는 시간이 지닌 아름다움을 말하고 있다. 오월예찬이다. 그 예찬의 중심에는 오월에 피는 꽃들과 오월의 자연이 보여주는 싱그러움이다. 딸의 권유로 가족과 함께하는 오월의 레스토랑 밖의 풍경에 취하고, 이태리 여행 중 로마에서 피렌체로 가는 차창 밖 양귀비꽃 피어있는 오월의 자연에 매료되고 있다. '오월의 꽃들은 유난히 하얀 꽃이 많다. 꽃이 하얗게 핀 모습이 고봉으로 올린 쌀밥 같다하여 이팝나무는 요즘 가로수로 멋스럽게 자리 잡아 사람들의 시선을 즐겁게 하고 튀긴 좁쌀을 붙인 것 같이 옹기종기 매달려있는 조팝나무, 언제나 담장 넘어 보이는 정다운 하얀 찔레 꽃, 온산 등성이에 무리지어 피어있는 하얀 아카시아, 하얀 라일락, 등은 화려하지 않으면서도 사람들의 마음을 은근히 사로잡는 매력이 있다.'고 한다. 오월의 아름다움이란 아름다움은 모두 이곳에 모아 놓은 듯 오월의 향기에 취할 수 있는 수필이다.

시나브로 속살 드러내는 얼음장 밑
돌 틈새로 구르는 물소리

겨울을 보내는 송가다
아니다

봄을 여는 합창이다
아니다

— 박명규의 시 「개여울의 울림」 중에서

토란잎 스치는 행운으로
지상의 시간에 나 깃들었던가
아뜩하게 머리 울리는 우레 잦아들고
광포한 바람의 기억은 잊어

빗방울 지나며 만든 촉촉한 대기의 잔무늬처럼
사람과 사람 사이 고요히 번지는 여린 파문으로
조용한 물빛 절정을 살다
순연한 무無로 섞이면 참 좋은 것일터

— 권소영의 시 「빗방울의 시간」 중에서

황홀하게 물들었던 잎들
올올이 떨어져 내리고
구석구석 감아드는 차가운 바람
파리한 얼굴로 부비며
계곡 사이 떨어지는 물
수척해져 흐른다
가을이 그렇게 지나간다

— 박옥임의 시 「이별」 중에서

가라!
차갑고 단단한 것
결빙이 아닌 것들은…

꽁꽁 가둬 둔 마음 마져
내비치지 않는다면

겨울, 한라가 아니다

내가 설 자리가 아니다

– 황혜숙의 시 「겨울, 한라에서」 중에서

박명규의 시 「개여울의 울림」은 개여울이 펴내는 울림에 대한 정의의 개론적 견해를 펼치고 있다. 그러나 마치 논쟁의 현장과도 같은~ 이다와~ 아니다의 연역적 추론의 의도를 보인다. 그럼에도 불구하고 결국 '그것은/아득한 영겁의 울림이다'를 위한 장치였다는 것이다. 하지만 연의 전개로 보여주는 '시나브로 속살 드러내는 얼음장 밑/돌 틈새로 구르는 물소리//겨울을 보내는 송가다/아니다' 무엇이라는 깊은 긍정임에서 순식간에 야멸차게 '아니다'라는 부정의 크기를 세우는 이 단호한 기법은 이 시를 독자의 시선과 감각으로 마비시키는 독설법이 아닌가 감탄하게 된다. '봄을 여는 합창이다/아니다//천년을 이어온 교향곡이다/아니다//만겁을 어우르는 하모니다/아니다' 그리고 비로소 할 말을 잃게 하는 아득한 영겁의 울림이라는 영원한 시간 속에 묶어 버리고 만다. '그것은/아득한 영겁의 울림이다' 지워지지 않는, 혹은 지울 수 없는 불멸의 소리로 존재하게 하는 수법이다.

권소영의 시 「빗방울의 시간」은 권소영 특유의 어투를 떠올리게 한다. 야무지게 던지는 투포환이 최상의 목적지에 안착하는, 거침없고 느슨함 없는 올곧은 직조의 견고함이다. 이 시는 빗방울의 역사가 흐르고 있다. 구름으로부터 세상에 내려와 종래엔 형체 없는 무無로 물의 역사에 섞이는 일이다. 토란잎에 앉았다가 미끄러져 빗물에 섞인 구름의 시간(구름으로 연유된 비의 역사)은 그래도 젖은 마음을 내려놓으려 한 것은 아니라고 한다. 다만 한 뼘의 인연으로 토란잎 흔드는 절정을 살고 지상의 시간에 깃들어 빗방울을 지나며 만든 대기의 잔무늬처럼 사람과 사람 사이 번지는 여린 파문으로 조용한 물빛의 순연한 흐름으로 아무런 흔적 없이 섞이는 일이다. 한 수도승이 세상에 던지고 입적한 '무소유'의 실천을 떠올리게 하는 작품이다.

박옥임의 시 「이별」을 읽는다. 가을의 시간 속에 자연의 사물들이 제 모습으로 움직이고 있다. 그리고 이를 관상하는 사람 하나를 만나게 된다. '슬픈 듯 외로운 듯/고요히 내리는 비/가을을 저만치 밀어 낸다'는(겨울이 가까운 시간)가을비는 슬픈 듯 혹은 외로운 듯 고요한 몸짓으로 대지 위에 내리고 있다. 시인의 젖은 시선은 산속으로 들어가지만(젖어서 을씨년스런 가을을 잡기 위해) 숲 속은 더욱 시리게 화자를 맞이한다. '황홀하게 물들었던 잎들/올올이 떨어져 내리고/구석구석 감아드는 차가운 바람/파리한 얼굴로 부비며/계곡 사이 떨어지는 물/수척해져 흐른다/가을이 그렇게 시나간다' 겨울을 끌어당기는 늦가을 대지를 뒹구는 쓸쓸한 나뭇잎처럼 젖은 가을의 얼굴 위에 수척한 계곡의 물이 시간을 쥐고 흐르고 있다.

황혜숙의 시 「겨울, 한라에서」는 '가라!/차갑고 단단한 것/결빙이 아닌 것들은' 첫 연으로 보여준 단호한 결빙의 겨울 한라에 주목하게 된다. 그만큼 완전한 한라의 겨울 몸짓의 정도를 보여주고 싶은 시인의 의도이다. '꽁꽁 가둬 둔 마음 마저/내비치지 않는다면/겨울, 한라가 아니다/내가 설 자리가 아니다'라며 더 이상 결빙의 한라는 없을 것이라는 결의처럼 극도로 차갑고 단단한 겨울 앞에 화자는 독자를 철저하게 세우고 있다. '속살을 지나/실핏줄, 뼈마디마디/타고난 마음결 마저/고스란히 내려놓지 않는다면//저 눈부신 순명 앞에/지나 온 그 어떤 삶의 무늬/끝내/형체조차 지니지 못하리니' 꽁꽁 얼어붙은 겨울한라의 순연한 아름다움을 그려내고 있는 이 시는 '저 눈부신 순명(결빙)'의 겨울을 위한 철저한 한라의 투신을 찬미하고 있다.

애처로운 나비 두 마리가 웅크리고 있었다. 엄마는 자문하듯 작은 아이에게 물었다. 나비를 풀어주자고. 물으면서도 아이욕심에 나비를 그냥 두자고 하지 않을까 기대하였다. 하지만 꼬맹이는 그러자며 대 답이 경쾌했다. 그리고 확답을 받고 싶은지 "나비는 꿀을 잘 찾지요?"라며 물어준다. "그럼, 그럼. 이 꽃 저 꽃 날아가서 꿀을 찾을 거야. 스스로 말이야." 엄마는 엄마에게 대답했다. 좁은 채집통에 갇힌 나비에게 달콤한 꿀을 넣어주면 행복할 거라고 생각했다. 아니 애 초에 갇힌 나비의 타는 속을 모른 척 했다. 본래 날고 싶은 만큼이 제 공간이었을 나비에게 채집통은 한계가 되어버렸다. 나비는 날 기에 허무했다. 날갯짓은 잦아졌다. 아이도 마음껏 자신을 탐색할 기회를 주어야 하지 않을까. 엄마생각에 해두면 좋은 것들은 과거 의 경험일 뿐. 아이에게 시간을 돌려주고 공간을 돌려준다면 제 행복을 찾아가리라. 꼬마는 단번에 채집통을 열었다. 나비는 제 본능대로 푸른 날갯짓을 해보였다.

– 이지원의 수필 「나비」 중에서

마지막 일정으로 내소사 백양사를 찾았다. 내소사는 아늑하다. 온 산이 치마폭을 휘두른 듯 빨갛고 노란 단풍의 향연이 절정이다. 이 단풍의 바다에 내 몸을 던지고 싶은 충동에 잠시 눈앞이 아찔하다. 대롱대롱 빨갛게 매달린 산감들이 어찌나 풍성하고 아름다운지 탄성이 절로 나온다. 백양사를 찾았을 때는 비마저 흩뿌려 스산한데도 여행객들의 얼굴엔 행복이 넘친다. 산허리를 감고 도는 운무가 잠시 벗겨지는가 하더니 홀연히 나타난 기암절벽의 웅혼함과 고색창연한 백양사의 모습이 천년의 신비를 머금은 채 나그네의 눈길을 사로잡는다. 내소사를 곱게 단장한 신부에 비긴다면 백양사는 잘 생긴 백마 탄 기사의 모습이라고나 할까!

민박집에서 노란 배추쌈과 감칠맛 나는 젓갈에 배를 불리고 손자 자랑하면 벌금을 물린데도 끝없는 손자 자랑에 배꼽을 빼고 코고는 소리에 밤잠을 설쳤어도 우리는 마냥 행복한 여고 동창생! 이렇게 남도의 가을은 멋지게 깊어만 간다. 단풍의 바다에 흠씬 젖은 이번 가을 나들이, 우리는 참으로 행복했다. 익어가는 가을과 같이 우리의 우정도 나날이 두텁고 실팍해 졌으면 좋겠다. 아! 이 아름다운 자연 만큼이나 우리도 아름답고 순수하고 겸손해지고 싶다.

— 김용자의 수필 「남도의 가을」중 에서

이지원의 수필 「나비」는 어린 딸이 채집해 온 나비 한 마리를 채집통에 넣어 기르다가 꿀통에 빠진 나비를 발견하게 된다. 너무 많은 량의 꿀 때문에 날갯짓을 못하게 된 나비를 보며 깨달음을 얻는다. 문득 마주친 '자유'에 대한 고뇌이다. '가둠'이라는 것은 행동의 부자유함과 마음의 부자유함이 함께 따른다. 곤충이나 사람에게 자유로운 행동이나 사고에 대한 제재가 주어질 때 올바른 삶을 지탱하기 어렵다. 이 수필의 주제는 꿀통에 빠진 나비를 바라보며, 하루 종일 이 학원 저 학원을 찾아다니느라 지친 아이들을 바라보는 화자의 시선이다. '노란 학원차에서 큰애가 내렸다. 집에 들어서자마자 찬 거실 바닥에 철퍼덕 붙어버렸다. 아이는 누운 채 오늘 무엇무엇을 했는지 보고를 했다. 더운 여름날 학교를 마치고 학원을 2,3가지 다녀오면 아이는 파김치가 된다. 보기에 안쓰럽다. 하지만 배워두면 좋은 것들이라 그 만두지 못하고 있다. 꿀통에 빠진 나비가 우리 집 거실에 누웠다. '너도 꿀이 많으니' 엄마는 속으로 물었다.'

어린 아이들을 지혜롭게 교육시켜야 하는 젊은 엄마들 누구나 피부로 느끼는 대한민국 모순된 교육의 현실을 문학적 소재로 훌륭히 보여주는 수필이다.

김용자의 수필 「남도의 가을」은 여고동창들이 모여 모처럼 떠난 여덟 명의 여행기이다. 60을 갓 넘긴 동창들의 일상에서 벗어난 해방감으로 자유롭다. 무엇보다 랑郎이라는 친구가 신발을 짝짜기로 신고 온 일이다. 얼마나 설레고 기대에 찬 여행인가를 느끼게 한다. '한 짝은 검정색으로 좀 넉넉한데 다른 짝은 갈색으로 좀 작다. 어찌나 웃었던지 눈물이 다 나올 지경이다. 정말 오랜만에 실컷 웃어 보았다.'는 이야기가 40여년이 지나도록 함께하는 여고동창들의 우정의 깊이를 체감하게 한다. '고창의 선운사다. 동백 숲이 병풍처럼 울창하게 둘러쳐 있다. 여기에 붉은 동백꽃이 흐드러지게 피어오른다면 선경이 따로 없을 것이다. 그 얼마나 황홀할까! 개울물을 따라 단풍 길을 걷노라니 어디서 방울새 소리가 영롱하다. 발에 닿을 듯 스쳐가는 깨끗한 물소리는, 11월의 바람과 함께 때묻은 내 마음을 말끔히 씻어준다. 방금 떨어진 나뭇잎 하나가 작은 종이배처럼 물결 따라 빨갛게 수를 놓는다. 피라미 한 마리도 동무가 되어 빠르게 꼬리를 친다.' 여행기의 백미는 여행지의 자연과 문화 역사를 짚는 일이다. 이 수필은 남도의 자연, 가을의 아름다운 징취에 젖을 수 있었다.

시계문학 동인지 제6집 「순간瞬間」읽기를 마무리한다. 회원 여러분의 최선을 다한 작품들이어서 한 편 한 편이 모두 빛나는 소중한 시와 수필이었다. 이제 '이 정도라면' 이라는 평가를 하고 싶을 만큼 훌륭하지만 우리에게 주어진 사명은 보다 정제된 언어로 아름다운 정서를 전할 수 있어야 한다는 욕심을 내려 놓아서는 안 된다는 것이다. 2013년 참 잘 하셨지만 더 높은 고지를 향한 부단한 걸음만이 시계문학과 문파문학 나아가 한국문학의 문학발전에 기여할 수 있다는 일이다. 이제 또 한 해의 새로운 세계를 열어내고 남은 시간에 대한 충실한 결산을 위해 노력해 주시기 바라며 축하드린다.

순간

시계문학 여섯 번째 이야기

瞬間

순간